在家不要談政治

擁抱不同立場，修補彼此的關係黑洞

I Love You, but I Hate Your Politics

How to Protect Your Intimate Relationships
in a Poisonous Partisan World

Jeanne Safer

珍・賽佛

劉議方——譯

目次

序

四分五裂的家

在美國，人際親密關係遇上了前所未見的危機，而政治對立就是主因。一份《華爾街日報》與美國國家廣播公司的聯合選後民調顯示，幾乎每三個美國人中就有一人曾和家人或朋友「一言不合就開吵」，且往往吵個沒完沒了，只因他們投給「另一陣營的候選人」。

家庭聚會變成了地雷區。昆尼皮亞克大學（Quinnipiac University）最近做了一項民意調查，受訪者的年齡分布在十八歲至六十五歲以上，當中超過三分之二都表示懼怕在假日吵政治。

《科學》期刊中一篇文章指出，有政治立場衝突的家庭會將感恩節大餐的時間縮短至一小時，以免大家圍著餐桌上的烤火雞突然大吵起來。沒有人想得出其他方法避免這種難堪的場面。

二〇一八年十一月，《紐約時報》登了一則文章，提供讀者「假期可聊的安全話題」。《赫芬頓郵報》（*The Huffington Post*）則登了一則〈十七個無關政治的感恩節聊天話題〉〈17 Thanksgiving Conversation Topics That Aren't About Politics〉。看來，我們連自己找話題都有困難。

在社群媒體上刪好友，這種「終極大絕」，現在卻遭氾濫使用。皮尤研究中心（Pew Research Center）的數項民調顯示，百分之二十七的受訪者曾在二〇一六年大選到來之前刪除或封鎖某人，而不幸的是，這個數字仍持續增長；「一刀兩斷」已被視作反對他人觀點的合理表達方式。

早年，伴侶們會避開衝突地帶，不談論公共政策，就像我的父母（我父親生前支持保守派的共和黨，母親生前則是自由派民主黨的支持者），我從沒有聽過他們討論政治，更不用說為了政治起爭執。然而這種光景已不復見。到了一九六〇年代越戰時期，政治入侵了眾人私領域的每個角落。之後，布希時代、伊拉克戰爭及最高法院大法官提名爭議，加劇了左、右派的對立，兩派之間的對話越來越少。現今的川普時代，跨黨派的和平對話則完全消失了：只要政治傾向不同，就是仇人，支持不同黨派的朋友或情侶於是成了稀有動物。

而罪魁禍首就是有黨派色彩的媒體，包含電視或電臺談話節目劣質的言論、全天不斷循環播送的新聞，以及最主要的，滲透我們大腦的社群媒體，這些媒體為當前的人際關係危機又補了一刀。如同小孩會效仿父母，人們也會模仿在電視或網路上看到、聽到的言論，因而對人際的交談方式造成負面影響。人們變得不習慣和立場相異的人理性對話，他們只會盲目地謾罵。我的一位訪談對象為進步派女性，她的保守派男朋友曾為她準備了一頓浪漫的晚餐，但她對男友卻劈頭一句：「你竟然投給那個怪物！」她說的話，就是受到朋友及新聞媒體言論的影響。

在網路上若說不過對方，就表現出敵意，這讓人產生一種比對方厲害的錯覺。事實上，我的一些訪談對象真的曾在社群媒體上被自己的父母刪好友，或是在網路上滑到令自己不快的資訊，就和愛人分手（有一個案例是取消訂婚），或從好友名單中刪掉兄弟姊妹或從前親密的夥伴。他們甚至不會試圖挽回關係。立場不合就「一刀兩斷」是很荒唐的做法，現在卻成了不需經過思考的標準程序動作，著實令人擔憂。我的受訪對象中有半數表示，曾因政治立場刪別人好友或被刪好友，而他們之中只有一人又把刪掉的朋友加回來，並向他道歉。破裂的關係是很難修補的，即使事後反悔或想法改變，也不一定能和絕交的人和好。

新聞媒體不眠不休地播送攻擊性的內容，營造了現今充滿惡意的政治氛圍，使我們和配偶、愛人、家人及朋友間的親密關係坑坑疤疤、充滿悲劇，且目前看來只會不斷惡化下去。我們的社交圈越來越狹隘，只聚集了同樣立場的人。尤其是年輕族群，很少有人會和同溫層外的人交流，也幾乎不會自願和不同立場的人接觸。如此一來，也難怪我們會妖魔化相反立場的人。

史丹佛大學的研究人員表示，「跨政治立場通婚」占比從二十世紀晚期的百分之二十大跌至百分之九。怪不得如此多政治立場不同的伴侶都感覺孤立；和他們同樣的人很少，朋友也無法理解他們。

二〇一一年《政治學期刊》（*The Journal of Politics*）一篇文章指出，比起跨種族或跨宗教，父母更擔心子女和不同政治傾向的人結婚。契合的政治理念甚至取代外貌吸引力，成為選擇潛在對象的基本條件。

政治也害不少伴侶感情破裂。威克菲德調查公司（Wakefield Research）指出，每十對伴侶就有一對因政治爭執而分手或離婚，這個現象被稱作「川普分手潮」，而且在千禧世代中發生的比例更高達百分之二十二。

政治立場衝突也威脅到人際交往的情感與禮節，問題有多嚴重？從以下資料就可以看出危機：威克菲德調查公司發現，比起金錢問題，現在有百分之二十的伴侶更頻繁、更激烈地爭辯川普政策，它們已成為史上最容易爆發爭吵的婚姻問題。

就連作為私領域最後堡壘的心理治療，都有政治化的傾向。在我四十年臨床經驗中，從沒遇過像這樣的事。我有一位患者認真地在計劃，萬一川普選上總統就要移民加拿大，我對此提出質疑，他便十分認真考慮終止我們長久且有成果的治療關係。無法從我這裡得到支持，讓他聯想起了挺川普卻不挺自己的父母，因而引發了憤怒與背叛感。雖說我們最後達成了共識，他決定留下來，但他那種強烈的憤怒與背叛感，依然令人不安。

這種無法修復的關係裂痕，幾乎出現在每個人的生活中，且因此受到傷害的人越來越多。

作為心理治療與親密關係專家，我已有四十五年的執業經驗，同時我也是自由派民主黨的支持者，但我卻嫁給了《國家評論》[1]的資深編輯，我們結婚已三十九年。數十年來，我一直在撰寫有關我自己如何面對並處理夫妻政治分歧的方式，我的丈夫也會與我一起寫，並和我共同在媒體平臺上分享我們神奇的和諧關係。人們時常很訝異，我們怎會有辦法完成一個許多人都不信能完成的壯舉。

我也主持一個播客（Podcast）節目，名為《在家不要談政治》，我訪問了形形色色黨派立場不同的伴侶，讓處於同樣情況的聽眾可以感受到自己不是孤單的。

二〇一六年總統大選以來，不同黨派立場的人都想知道該如何好好維持關係，所以我成了大家的「張老師」。閱聽眾如大浪一般向我湧來，迫切地請我提供意見，他們想知道怎樣才能避免和政治觀不合的親人撕破臉。他們的窘境五花八門，有些有趣感人，有些令人不禁心痛。在這些聯絡我的人當中，有位男士在汽車保險桿上貼上惡搞貼紙，其造型是川普在希拉蕊身上尿尿，但他摯愛的自由派女朋友要求他撕下來；

有位自由派的兒子害怕保守派的爸爸因政治歧見而揍自己；還有位保守派的弟弟，一討論政治就會失控怒罵，他擔心這樣會破壞自己和左派姊姊的關係，因為姊姊是家族中唯一還沒刪他好友的人。

《在家不要談政治》收錄了我給這些聽眾的回覆。我想要分析，人們出於什麼心態去進行這些激烈的政治爭論，並提供建議，讓大家可以擺脫掉這種困境。我的分析與建議是基於五十個訪談案例而來，受訪對象包含個人與伴侶，他們都試著找出方法，不想再為了政治而吵鬧不休。接下來的篇幅我們將看到，有些訪談對象還在努力搞懂，怎麼會為了政治吵得傷痕累累；另一些訪談對象則成功平息戰火，我會分享他們的祕訣。在訪談後，每個人都因我們的對話而放下了心中的大石，並得到了鼓勵，包括那些我從不覺得自己能夠給予建議的人。我從他們身上找到的許多見解以及可以改變人生的建議，你在這本書裡都可以看到。

1 編註：《國家評論》（*National Review*）創立於一九五五年，是美國老牌的政治刊物，旨在為「右翼保守派」發聲。

政治立場分歧的問題彷彿每分每秒不斷地惡化，不管是情人、親人還是朋友，都越來越焦急，幾乎沒人能置身事外。有位七十九歲的退伍將軍告訴我，他投給川普後，自己有個六十年交情的摯友便不再與他講話。這位老將軍到現在都很錯愕難過，也自覺這段破裂的友情已無法修補。不管是私領域或公領域，人際往來的禮節幾乎被破壞殆盡。《在家不要談政治》將指引你，如何在心中設下防護罩，和你最重要的親友一起躲過這場文明災難。

年輕族群更是這場文明災難的高風險群。他們很少能看到有禮貌又有肚量的政治人物或政論名人，以作為效仿的典範。他們被包在又厚又暖的同溫層當中，只接收特定黨派色彩的媒體資訊。根據 Match.com 交友平臺的調查，百分之四十七的千禧世代甚至不會考慮和政治觀點不同的人約會。現在有個超簡單的方法能幫這些年輕人（還有長輩）挑出政治傾向一致的約會對象，那就是交友網站。紅洲約會網（RedStateDate）及藍州約會網（BlueStateDate）兩個網站的宣傳照分別是雷根和歐巴馬夫婦深情對望，再配上「世上存在真愛！」標語，告訴你只要用網站的「獨特進步派配對系統」及「二分鐘內遇到共和派單身人士系統」，就可以找到「政治傾向正確」的另一半。還有一些交友網站目標族群更集中，包含「單身川粉約會網」（TrumpSingles）、「單身伯粉約會網」（BernieSingles），最近也有許多新網站專攻進步派、自由至上派（Libertarian）與其他政治族群[2]。

這些交友網站的配對結果常讓人大失所望，因為即使政治觀雷同，也不代表真的跟自己合得來，或是個性很好，就像只因星座相同就推斷關係能長久一樣。政治傾向相同，真的就只是如此而已，很遺憾，並不能作為其他特質的判斷基準，也不能檢驗出一個人的道德品行。

我是在一九八〇年認識我「政治傾向不正確」的丈夫，並和他結婚（我們在一個合唱團認識的）。幸好那時還沒有這樣的交友工具，不然我就無從得知，兩個不同政治傾向的人可以如此意氣投合。在本書的最後一章，我會聊聊我們兩人之間最容易起爭執的問題，以及我們如何解決。

2 編註：紅洲約會網、藍州約會網、單身川粉約會網、單身伯粉約等網站都已關閉。

在政黨對立、紛爭的環境下，我們創造出人際衝突不斷的新世界，至於該如何待人處事，各種建議莫衷一是。有的荒謬無理，像是《哈潑時尚》某篇勸世文章標題就點明：「如果妳老公投給川普，就把他休了！」另一些建議則正經八百，例如探討政治觀點下的道德前提，或是教你一些技巧，在遇到意識形態不同的人時，如何避免互嗆、轉移注意力，甚至是列舉出萬用衝突化解法，不管吵什麼架都可以用上。然而，就算是這些建議當中最好的，既明智又具啟發性，效果仍有限。許多匆匆找上我諮詢的人，為了找出解決衝突的方法，已經廣泛地閱讀不少相關資料，卻無法從中獲取實質上的幫助。他們和「另一派」的互動依然充滿火藥味，也無法理解到底自己怎麼會捲入這種相處模式，天天吵不停、互相折磨。他們找到的建議終究治標不治本，這也是為何會找上我，因為他們嘗試的其他方式都失敗了。

現在大家能得到的「休戰」指引有好幾種，但不管是哪種類型，作者都忽略了吵政治會這麼煩人、難平息的主因。

時下有一本熱門書籍，很多人為尋求解決方式而讀。它提供了一個道德分類法，讀者可以藉此分析出自己的政治思路，了解由此所延伸的態度及觀點是多麼的主觀，並發現為何無法容忍其他立場。

有位受訪者告訴我，撇開政治不談，她和婆婆其實關係很好，在她讀了符合自己道德類型的描述後，才豁然開朗，終於知道自己為何會執意想讓挺川普的婆婆改挺進步派。然而，她並沒有因了解自己的道德類型，就停止騷擾她的婆婆；她也沒有因此問問自己，為什麼不顧身邊眾人的請求或勸告，依然堅持自己的思維與做法。

另一種類型的書則提供化解一般衝突的技巧。這些技巧固然很好，但不是專門用來平息現在政治對立造成的大爆氣。第三類書籍會告訴讀者討論政治時如何消除敵意，卻不先分析吵政治的人想一直吵下去的動機。

知道自己的道德態度，學習化解衝突的技巧，找到開吵時平息怒火的小撇步，這些事情或許可以帶給你啟發或慰藉，卻無法幫助你了解政治爭執的情緒根源，也無法告訴你為何會不斷想要吵架，而且永遠吵不贏。完全不同於以上那些書籍，我所提供的是：深度分析政治爭執背後的心理動機。

時常有人建議大家列出自己的「地雷」，一談到就會爆氣的政治話題。有些人或許會說，認清自己的政治地雷區，對防止吵架很有幫助，但大多數的人（包含我的每一位受訪者）其實早就知道自己的地雷在哪了，我也不例外。光是知道自己的地雷區，不太能防止被捲進紛爭當中。只有了解自己為何會「上鉤」，對某些話題「緊咬不放」，或是了解自己為何會主動拋出那些話題讓人來戰，才能停止一再犯錯。

想從深陷的情緒危機中逃出來，是有好辦法的。只是我們一直以來都找錯方向了。想要理解並改變爭吵不休的情況，不再讓政治對立分化彼此，我們該尋求的關鍵不是政治學，而是心理學。

我相信，親密關係中持續不斷的政治爭執屬於心理分析中所謂的「顯性內容」（manifest content），也就是說，那是深層或「隱性」潛在衝突的表面活動。親密關係中的爭吵很少是由公共事務所引起，尤其還常老調重彈，讓人情緒崩潰。

伴侶間之所以爭論不休，是源於我們不切實際地幻想擁有掌控對方的力量，用它來改變對方的想法，讓對方成為我們想法投射出的樣子。我提供的訪談和分析都證實了這是事實，而我在〈頑固的希望〉一章會解釋控制慾從何而來。

雖然我鼓勵不同立場間的包容與理解，但我必須承認，依然有例外情況存在。接受不同的觀點也是有限度的，只要超過了界線，我們便會堅決反對，沒得商量。如果你的情人、朋友或親人是偏執的種族主義者、性別歧視者、反法西斯運動或另類右派的支持者，即使再包容他們，也得不到正向的回饋。我的其中一位受訪者便透露，自己終於和另一半分手，是當她真正意識到他種種令人反感的看法，其實深植在他的性格當中，只是在熱戀期她從未察覺到（他還是有個人魅力，讓她無法說分就分）。有時，一個人的政治理念，特別是極端的政治理念，是這個人性格上無法分割甚至是對他人有害的部分。本書將會教你辨識合理與危險的另類觀點之間的差異。

假如我們怎麼努力也找不到有用的辦法，便會越來越灰心，越來越失望。市面上出現非常多教人處理人際衝突的書籍，卻沒有一本能真正滿足大家的需求，是因為那些書上提供的意見都只是揚湯止沸的招數。當關係中出現危機，想要尋求化險為夷的方法，卻只找到一些像ＯＫ蹦一樣的應急對策，而針對造成危機的問題，卻幾乎得不到深度思考的指引，只會將人帶到一條死巷當中。人們會開始自我譴責，接著責怪對方，或是把問題全都歸咎於雙方意識形態上的分歧。人們很容易在混亂中被激怒就失去理智，所以往往一吵政治就不能自拔。而只有當我們充分了解自己的情緒及其來源，我們才能夠真正地改變自己，體諒他人。因此，就算你列出了一張「地雷清單」，分辨出自己的認知類型，或是學會運用一些衝突處理技巧，只要你不了解衝突的來源，就無法徹底改善自己陷入政治爭吵時的行為模式。只有真正的理解，才能帶來真正的改變。

只有本書能提供你一張獨特、有用的藍圖，幫助你洞察並改變自己。本書不會分析你的吵架內容，也不會教你如何在爭執時占上風，而是透過心理分析，找出一次次爭吵背後的心理因素以及對**你**而言的意義。自我洞察的關鍵在於，認清你自己就是問題的根源（而非左右派對立的窘境），也是潛在的解決辦法。知道自己就是問題，事實上是件好事，畢竟改變他人很難，改變自己卻是可能的。

我相信，徹底改善政治對立窘境的關鍵在於，理解親密關係中的政治爭執其實**不是真的在吵政治**。這些爭執起因於想要改變對方思維的欲望，我們希望對方的想法和感受能和自己同步。即使他們不會改變，也無法改變，我們還是拼命地想感化他們。這是我在書中提出的反直覺理論，書中所提出之建議會有效，關鍵也在此。如果不和諧的來源僅是政治，那麼，有不同政治觀點的人根本就無法理性、認真地討論。但是這件事，許多伴侶都已經做到了，例如：我的訪談者、我的丈夫和我。因此你一定也可以。

無論在專業上，還是在個人生活經驗方面，我都有獨特的資歷，對政治分歧絕望的人們能給予建議。我自己的婚姻就是一個活生生的例子，證明兩個友好的人即使政治傾向截然相反，仍可以相安無事，甚至相親相愛。丈夫與我一起從生活經驗中學習如何處理彼此的分歧以及如何維護我們的愛情；你可以在第九章讀到我們怎麼相處、怎麼化解問題。

針對為政治吵個不停的伴侶、朋友及家人，我設計了一套特殊療法，同時也適用於個人面對難纏的吵架對象。這套療法以行為干預及心理詮釋為基礎。我的治療手法不同於傳統的伴侶治療，因為我只針對一種特殊類型的互動模式，那就是有深層情感根源的不良互動模式，我會提供方法，讓你或是和伴侶一起得到洞察或改變。了解這些可怕政治爭執的真面目以及起因，會開啟你的新視野，讓你在和他人互動上，有更多以前想像不到的選擇。在本書中許多受訪者身上，你都能看到成功的例證。

我不是個仲裁人，也不是感情諮商師、辯論教練或是調停者。我的工作是要發掘爭執背後的心理意義，幫助個人與伴侶釐清他們爭吵的因素，並探索他們的情緒根源。我會引導雙方找出僵持不下的個人情感因素，我了解爭執的心理根源，也知道它們對雙方各自的意義為何，據此能給出改進的建議。我不是教人怎麼吵架的教練，只是一個有同理心的觀察者，一個了解情緒並知道它們如何影響我們的心理分析師。透過我的分析方式，人們會可以釐清自我，放下心中的負擔，改變自己的人生。

在最後一章，你會看到「政治達人保證不再吵架的十大妙招」，是我彙整出的一些方法，參考的來源包含自己的婚姻生活、數十年來的專業經驗，以及受訪者們的個人成功經驗，他們將這些訣竅運用在政治討論上，成功改善了人際關係。我提出的這些訣竅以及其他實際可行的方法，都可以應用於任何出現問題的人際關係當中。你會學到如何將煙硝瀰漫的互嗆轉為真正的對話，不再打洩憤的口水戰。這在目前的氛圍中確實很難做到，但並非不可能。

政治對立帶來的痛苦、憤怒以及焦慮，我們永遠無法全部抹去，但是我們可以停止破壞對自己而言最重要的關係。就如同《舊約聖經》的《箴言》所說的「柔和的回答使烈怒消退，暴戾的話激動怒氣」。

要做到這點，需要付出很多努力，但絕對值得。

㊀

我們時常活在自我的想像當中，以為和我們政治傾向相同的人，在其他重要的事情上，也會和我們想法一致。但現實不必然如此，且我們會因這種想像而美化自己的觀點，把立場對立的人視為洪水猛獸。我相信，不同政黨間沒有一個是絕對真理、正派的唯一化身，或人性典範，也沒有一個黨派該被定位成絕對的自私、狂熱、高傲、死板。你會在接下來的篇幅中看到許多活生生的案例。在本書中〈核心價值是什麼？〉一章，我便呼籲大家應重新評估真正的道德基礎。

在分裂對立的世界，唯一值得一戰的就是守護我們的親密關係。伴侶們一定要自願站在同一陣線。

接下來，你會看到一群來自各種背景的美國人，他們都努力地、投入感情完成了這項艱難卻值得的任務，以洞見、同理心、自我認知及相互體諒，改變談政治的方式。

這些人之中，沒有人想回到過去：動不動就大小聲、摔門，當然也不會親密地互道晚安。而他們真的辦到了！

我保證你也可以。

第一章

永不止息的戰火

怎麼每次吵政治都吵不贏

接下來的篇幅，你會看到許多人，他們深陷與親人間永遠贏不了的爭執。他們在生活的其他方面，是體貼、有愛心，且聰明的，但只要碰了政治逆鱗，就會變得偏執、難以溝通，甚至會發瘋抓狂。時常，一方狂攻，另一方則試圖維持和平、避免爭吵。而雙方的爭執不再僅是為了特定的意識形態立場，而是為了一個難以接受的事實，也就是相愛的彼此間存在無法忽視、根本上的差異。

以下這幾招，我在這章及下一章中提及的訪談對象，都曾在吵政治時實際使用過，而且保證起衝突，帶來最慘的結果。別幻想這些招式中有任何一個你用了能比他們更成功，只會跟他們一樣以失敗收場。在家千萬別試！

招式一

在吃早餐時，不顧老公、老婆的意願，就將有特定政治立場的文章塞到對方手裡，或每天傳到他們的收件匣，然後開始針對文章內容拷問對方，深信如此絕對能讓對方信服你的觀點。

招式二

傳一份名為「關於政治，你一定要知道」的PPT投影片檔給保持中立的摯友，就能讓她意識到自己那樣的態度是錯的，且對方會感謝你讓她大徹大悟。

招式三

如果男朋友做出的評論，讓你覺得他對種族議題缺乏敏感度，就幫他上一課美國奴隸史，還要逼他坐好，確保他有專心地聽。

招式四

你和伴侶為了政治觀點上的小分歧發生了口角，即使爭論的事情很瑣碎，而且依然會投給同個候選人，但伴侶還是氣到砸壞你的大理石餐桌。這時你就跟著他出房門，把他的手機也砸個稀巴爛，以牙還牙。這一招尤其在你們都喝了至少一杯的時候，最能發揮說服力。

即使再好的夫妻感情，再堅定的情侶關係，也經不起激烈政治爭執的摧殘。數十年來相敬如賓的伴侶，除了黨派傾向外，其他方面皆有共識，過去的選舉也投給不同候選人，卻突然感覺到以前從沒感受過的不安，彷彿發現了伴侶的醜陋真相，再也無法信任對方。他們不斷企圖改造對方的思想，就像在打一場沒完沒了的仗，卻不知道這場仗是怎麼開始的，也不知何時能打完，被困在戰場上無法脫身。甚至，他們通常記不得前一天是為何而爭吵，因為每次吵架都是老調重彈，簡直都麻木了。在今日社會，政治理念不合所引發的情緒，就像過去發現對方外遇一樣的強烈，一樣令人崩潰。

自由派叛徒

珊蒂・卡普蘭，六十七歲，一生都支持自由派民主黨，是資深的聯邦執法人員。她到現在都不能接受，自己結婚二十九年的丈夫在二〇一六大選竟投給川普而非希拉蕊。之前，她丈夫丹和她一樣都挺自由派，還是實實在在的女性主義者。（「他不只一遍說『我想是時候該來個女總統了』，他是真心這樣想的。」）但是後來他和川普有幾筆成功的商業交易，便因此相信「川普是個會做事的人」，然後成為了共和黨候選人川普的狂粉。

「我無法忍受！我沒辦法尊重他的立場。我們本來一直都站在同一陣線。當我知道他投給川普的時候，我很想殺了他——而且我知道怎麼動手。」她半開玩笑地說，畢竟她可是隨身配槍的警務人員。

突然間兩人在「各方面的共識都沒了」，好像他的一張選票就抵消了他們尚存的其他共通點；原本欣賞他的地方似乎隨著政治理念的相違，一點一點地瓦解了。在華府女性大遊行的時候，珊蒂負責維安，丹引以為傲（他和我說：「我欣賞她做的每件事。」）儘管她很感動，但還是不能原諒他。

珊蒂的戰力達到了滿點，持續不懈地想改變丹的政治立場，儘管他不是冷處理，就是打太極，夫妻關係還因此受到嚴重影響，越來越緊張，但她依然不肯放棄。最終，他們約好避免討論這個話題。「但是，」她承認：「我打破了約定。」高度的震驚、絕望、暴怒幾乎毀了原本幽默感十足的珊蒂。

大選後很長一段時間，珊蒂依舊不停地向丹開戰，搞得兩人身心俱疲。「我總算表明，在家絕對不要再談政治了，」她說，「他照做了，我卻做不到。」為什麼明明是她自己提出來的，她卻做不到呢？「每次川普做了什麼引發眾怒的事，我就會向他指出來，然後沾沾自喜，覺得自己果然沒錯，這是我唯一感覺愉悅的時候。」

就為了這短暫的愉悅感，珊蒂差點毀了自己的婚姻，失去人生的支柱與堡壘。她的行為犯了大忌，對於政治傾向相異的伴侶，絕不能**幸災樂禍**。那不會讓任何人改觀，但絕對會造成疏離。她每次幸災樂禍，都是為彼此的緊張關係火上加油，而且她幾乎天天都這樣做。但凡脾氣比較差或比較好辯的丈夫，早就受不了她一再地挑釁而反擊了。這對夫妻的狀況是，基於性情上的差異，而導致他們無法一起理性地討論政治。如果珊蒂還想盡力維持除了政治之外都很好的婚姻，她勢必需要另一個發洩怒氣的情緒出口。

即便她丈夫投下的那一票是因為肯定川普提出的施政方向（許多投給川普的人也是如此），而不是肯定川普這個人的人格，珊蒂還是認為，丹連當一個女性主義者的資格都被汙損了，因為他支持一個她厭惡的人。她不能忍受彼此認知上的巨大差異，也無法接受丈夫因和川普共事過就改變投票傾向，但其實改變的也只有**這件事**。

相較於珊蒂的幻滅與失望感，丹就不會試圖強迫他的妻子接受他的觀點，也樂見她有自己的想法、照自己的意思投票。只有珊蒂不肯接受她丈夫的改變。

珊蒂想出了一個新方法以克服自己強烈的幻滅感：她告訴自己，她已經成功讓丹回心轉意，重新與她站在同一陣營。她會這樣覺得，是因為丹不再回嘴，也很努力避免「討論」政治（其實只是他單方面被罵）。直到丹跟她提到來找我談話，珊蒂才明白，原來丹的立場從來沒變回來。慶幸的是，她沒有不開心，而且還有點羞愧。

珊蒂有發現丹「不再為川普講話了」，但她並不明白，這是他維持和平的策略，而非真的改變立場了。她依舊每天都把報紙的文章剪下來，在早餐時間塞到他手裡。「每天早上，我都要被批評一次。」他無可奈何地說。「她把文章塞到你手裡的時候，你都怎麼做？」我問。「什麼都不做。」他說。「我就一句話都不講，因為這樣就不會吵架了，我發現只要不講話，她大多時候就算了。」終究，靠著丹平和、寬容、迴避的態度，夫妻二人總算能維持和平。

你不准看福斯新聞

威脅到婚姻關係的，其實時常是比政治更深層的問題，只是都以政治爭執的形式呈現。伴侶一心只想吵意識形態，反而看不到造成彼此疏遠的潛在因素。這些爭吵可看成是指標症狀，而病因深藏在表現斷層之下，早先的政治共識只是粉飾太平。通常討論的聲調跟內容會反映出真正的癥結，但爭吵雙方察覺不到，還是卡在表層議題，沒有認清並處理潛在的情緒問題，以致任何情況都改變不了。

馬克與費莉絲．霍爾珀林結婚多年，兩人的年齡約在六十五歲上下。他們長期處於政治對立的緊張狀態，關係差到在曼哈頓度假時得提早結束行程，來找我談他們的問題。在對話過程中，馬克溫柔地關心他沮喪的妻子，而他的妻子則一直壓抑著悲傷、惱怒交織的淚水。他坐在她身旁，手放在她肩上，輕聲安慰，沒有被她不斷挑釁的話激怒。顯而易見，問題已經不是一天兩天了（很明顯是單方面造成的），所以我眼前看到的，只是他們每天不斷上演的戲碼。

馬克在小布希任期時改變了自己的政黨傾向，從那時開始，霍爾珀林夫婦之間的緊張感便不斷累積，直到他投給川普，累積已久的情緒，終於爆發。

她無法接受也不能原諒他在政治立場上的叛變。她覺得他們共存的世界因此而毀滅了。「我們的基本價值觀不一樣了，」她說。「我完全接受不了。」如同丹・卡普蘭，馬克不會講出自己的政治觀點（「通常，我都閉口不談，只是偶爾會稍稍表達一下我的論點。」），也從不反對費莉絲有權持不同立場。事實上，馬克能理解，費莉絲對社會福利政策的許多看法，也知道那些大多是基於她在相關領域的長期經驗。馬克跟費莉絲都有相關的高學歷背景，但多年來兩人都沒有共識。對他而言，觀點不同並不會損及兩人的親密度。「讓我們專注於其他的共通點上吧！」要是她能接受的話，這其實是很棒的提議。馬克非常苦惱，費莉絲因他改變政治立場而如此焦慮不安，他和她一樣，都覺得在情感上被對方拋棄了。他們都痛苦不堪，卻無從逃避。

訪談時，大多時候都是費莉絲在說話，馬克則在一旁聽著，時不時以理解的眼神看向她，或是以和緩的口氣為自己辯解。他們兩人皆隱隱透出一種絕望中掙扎的感覺，宛如被捲入無法結束的戰爭當中。我覺得我就像在看一場重複多次卻徒勞無功的儀式，且旁人幾乎不可能介入。

費莉絲是左派，馬克卻從左派轉成右派，她認為這是一種背叛，因為他背棄了她重視的所有事物。這也破壞了她內心的平衡。如果他真的愛她，怎麼會這樣對她？他不只否定了她的人生哲學，也拋棄了她，放她一個人孤立無援。「你是我的人際網路。」她悲痛地說。她覺得自己徹底失去他了，因為他們不再事事皆同調，即使彼此依然有許多別的共識，她也視而不見（如同卡普蘭夫婦的案例）。費莉絲的親姊妹是忠誠的共產主義者，但馬可還是指定要她當女兒的監護人（女兒有身心障礙），這不太可能是基於意識形態所做的決定。費莉絲對於她和馬克的相似之處以及彼此深厚的感情基礎，完全置若罔聞，她一心糾結於她所失去的：政治立場的一致性。她把這件事當成他們婚姻關係的關鍵問題，殊不知這只是徵兆。

費莉絲像暴君一樣對待她的丈夫（以此處罰「不忠」的伴侶），其中最誇張的例子是，她限制他選擇媒體的自由。「我不准他看福斯新聞。」她不帶一絲歉意地說。費莉絲視福斯新聞為不共戴天之敵，絕不允許馬克收看，就算在他們三層樓住家的地下室都不能看。

「我受不了你竟然在樓下看我最討厭的那一個新聞臺。」

「我只是錄下來，而且錄完也只會看一點點。」

「最好是這樣，就算你真的只看一點點，還是把節目都完整錄下來了。」

對費莉絲來說，不管她丈夫有沒有看，這些錄影帶都和核輻射一樣，會從地下室穿透三層樓，噴出政治毒氣，汙染整個屋子。

令人沮喪的是，我看得出來馬克基本上都遵守這項禁令（頂多偷偷看了幾次漢尼提〔Sean Hannity〕[3]主持的談話節目），為了維持和平而被迫服從她的命令。我和費莉絲說，這不公平，而且她的做法只會造成對方反感，但她不為所動；她想，既然她不能改變馬克的立場，就只能在放生和控制之間二選一。

費莉絲是個可憐的暴君，但終歸是個暴君，她不准丈夫做自己，也不允許他擁有自己的看法，因為她認為自己的觀點才是唯一真理。她無視於丈夫對她真切的愛，也不承認撇開政治不談，她其實也一樣愛他。她覺得只有彼此心靈融合（mind-meld）[4]能帶給她安全感，而現在丈夫做不到，那活該要受到懲罰。

無論性別、政黨傾向，這些覺得自己在政治立場上遭到背叛的人，都是頑固的極端分子，只要觀點與自己不同，就當對方是叛徒。這些人過於死板，以致無法設想，即使與某個人政治理念不合，實際上還是能在最重要的基礎價值觀上達成並保有共識。這些人覺得政治傾向就是一切，造成他們過分專注於人的政黨信仰，而忽略人的實際行為。

為什麼費莉絲會將政治理念和真愛劃上等號呢？我們可以從她的生長背景找到答案：她來自左派家庭，父母都會一起上街參與抗議遊行。這就是她腦海中理想婚姻的樣子，因此她必須在自己的婚姻中複製這種同步思維模式，彷彿上街抗議的人們彼此不會有根本上的差異，夫妻之間就更不用說了。她將轉換政治立場的馬克視作叛徒，覺得自己在感情上被拋棄了。然而事實上，馬克之所以轉換政治立場，可以追溯到他個人的過去。他告訴我，自己過去不認同保守派的父親，但他現在漸漸能理解並接受其理念，他們和好了，現在有共同的世界觀。人們可能因為各種理由，隨著年齡增長

3　編註：漢尼提是福斯新聞網保守派的評論員，並且支持川普。
4　編註：「心靈融合」是影集《星艦迷航記》中瓦肯人擁有的特殊能力，可以連結兩人的意識與思想。

而改變自己的政治理念，但很少是因伴侶的要求而改，或是因對婚姻關係的反思而改。事實上，伴侶之間的潛在問題會因政治理念相同而被掩蓋，直到兩人觀念出現分歧，這些問題才會隨著衝突顯露出來。

為何馬克會容忍費莉絲的暴政呢？就像費莉絲覺得自己已經失去馬克而害怕，馬克也害怕失去費莉絲。只是他越是讓步，她越是得寸進尺。他害怕費莉絲太玻璃心，所以不敢讓她面對她自己造成的關係傷害，畢竟長久以來彼此是那麼緊密、相愛、互相依存。他們兩人都還不明白，其實他們的婚姻經得起意見分歧的考驗。

然而，在訪談的最後出現了一線希望。我向他們舉出一個例子，有些人為了要改變對方的政治立場，便一直強迫對方閱讀符合自己政治立場的相關文章，卻適得其反，不僅沒有用，還會激怒對方。讓我驚訝的是，費莉絲向我承認：「我常這樣做。」「我建議你立刻停止這個行為。」我說。「你們的狀況會因此改善。」馬克也贊成：「我想找出一個方法，讓我們都更重視彼此還有的許多共通點。」「我不會再傳文章給他了，」費莉絲肯主動讓步，我感到很欣慰。哪天要是她也學會不再干涉丈夫看哪臺新聞（或在哪裡看），他們的關係就能真的重新和解了。

出乎我的預料，我們的對談為這對夫妻的關係帶來意想不到的進展。我一直忘不掉他們在訪談時的絕望感，就像陷入一場永無止盡的戰鬥，沒有人能成為贏家，我實在很擔心他們，所以就寄了一封信問馬克最近過得如何。以下為他的回覆：

我覺得上次三人的對話幫助很大。我們最近不再談政治，關係沒那麼緊繃，相處得很愉快。至於我的妻子，我想上次的訪談讓她感受到，並不是只有我們碰到這種困境，她也放心多了。妳也提到，有人雖然政治理念正確，卻是個混蛋（當然也有人政治理念「錯誤」，卻是個好人），這番話給了她重要的啟示。

人是可以改變的。

要我怎麼再相信你？

男人其實和女人一樣，容易染上「伴侶談政治焦慮症候群」，這個症候群是我所發現的，雖然尚未收錄到《精神疾病診斷與統計手冊》第五版（DSM-5）當中，卻已經如流行病一般氾濫。即使伴侶平時感情緊密，只要其中一方轉換支持的黨派，另一方都可能像遇上災難一樣不知所措，以及感受到同盟瓦解的失落感，因而喪失理智，甚至出現妄想。

出生於土耳其的麥哈邁特．艾克索伊是一名軟體設計師，他的妻子安娜則是一名瑜伽教練，他們兩人約三十五歲上下，結婚四年育有兩子。麥哈邁特在伊斯坦堡出生，和父母一起移民美國，原本是伊斯蘭教徒，現在則是無神論者。他與他的父母成為美國公民後，一起加入了民主黨，在二〇一六總統大選，他們全都是希拉蕊的狂粉。

因為麥哈邁特從來沒有和安娜聊過政治立場，他便想當然耳，認為安娜和他的政治傾向是相同的（這當然不可能是事實；珊蒂．卡普蘭也對她的丈夫有過一樣的誤解）。直到安娜有一次在臉書上發文說，她從來沒有投給歐巴馬，而且已正式成為共和派了，她丈夫知道後錯愕不已。安娜從來沒有當面向麥哈邁特坦承過自己的政黨色彩，大概是因為預料得到對方的反應，她想避免衝突，但想也知道，這麼做只帶來了反效果。如果她了解丈夫敏感的性格，並知道那源自於原生家庭的創傷經驗，那更好的做法應該是，一開始就直接告訴他，讓他自行消化，而不是讓他覺得自己被蒙在鼓裡。麥哈邁特氣壞了，最後安娜為了維持和平，只能關帳號。但事情沒這麼好解決，儘管他平時是個有愛心、明智的人，且除了政治，他們之間沒有什麼嚴重的分歧，但一碰到政治理念不合，麥哈邁特便會不自覺深陷焦慮，搞得安娜因自己新表態的立場而很不好受，甚至考慮過離開他。

他們的狀況一直沒有好轉，大選時安娜並沒有投給川普，但選後她決定全心支持川普，還是被麥哈邁特當成了叛徒。「突然間，他開始覺得這是根本上非常嚴重的問題，」她告訴我，「他從小的成長環境中，民主派就代表好人，共和派則被當作壞人。」雖說她對時事有自己的明確觀點，但不覺得需要和丈夫討論彼此看法的差異，更不需要強迫對方接受自己的想法。這讓我很驚訝，因為這種互不干擾的態度，比起左派，一般更常出現在右派身上，可能是因為左派現在失勢，因此更急需鞏固自身的地位。

這種情況可能會隨著政權轉換而改變。「我有我自己的想法，這對我來說不是問題，」她說：「我不需要任何人的認同。」

她以客觀理性的態度看待政治：「當我走到人生的盡頭，政治立場對我來說不會是什麼大事。」

然而，麥哈邁特一廂情願地認為，安娜的政治觀點不是她自己的，而是受到右派洗腦的結果。為什麼他會這樣想？如安娜所說，「他之前總幻想自己的老婆會和他很相似，彼此就像照鏡子一樣，所以當我們之間一有歧見，他就覺得事情大條了；他才情緒化吧。」即使安娜是真的很在乎麥哈邁特，但她的獨立思考還是令他十分不安。我告訴她，麥哈邁特對思維的一制性如此專橫執著，是為了要消去他心中對妻子忠誠度的懷疑與恐懼，但是反而將她越推越遠，使他們在無關乎政治的方面也跟著格格不入。「我沒有從這個角度思考過，」她說，「但他真的深信我整個人變得比以前更偏激，事實上沒那麼誇張。我想，他真正的恐懼是，如果我可以更換我的政治立場，那就可能某天一起床就想換一個老公，換一個和我觀點相似的。」

就像其他案例中所見，麥哈邁特會有這種想法，也是受到成長背景的影響：他的母親就在婚姻中出軌了，不過完全不是因為政治。麥哈邁特從未放下父母離異風暴的心理創傷，也無法從他童年的陰影走出來。他不自覺地將自己對女性的恐懼以及與母親的相處經驗，投射到妻子身上，搞得安娜壓力超大。但她知道，在其他方面，他們的關係依舊堅不可摧，且麥哈邁特的恐懼是來自過去經驗，而非現在的生活。他總會明白，安娜沒打算拿他去換一個「川粉／共和派模範老公」。「政治顯露出了自我的許多面向。」安娜的結論深具智慧。

粉飾太平

政治在這些夫妻的關係中成了核心議題，造成許多紛爭。每對伴侶至少有一方過分執著於自己的政治理念，不斷強迫對方接受自己的觀點。說出自己的想法並非總是最好的方法，反而時常演變成發洩情緒，失去了真誠溝通的初衷。

然而，伴侶若是刻意不談或少談相異的政治觀點，也可能威脅到關係。壓抑也是傷害親密關係的因素之一。

在某些情況下，兩個人會承認並接受彼此的觀點差距太大（或是性格上都太愛爭輸贏），無法好好地談政治，於是共同慎重地做出不談政治的決定。但因害怕衝突而避談政治則是另一回事。要想跨過可能引起衝突的分歧點，前者才是理智且通常有效的做法。我們之後會見到一些成功的案例。然而，只要兩人沉默之下藏著焦慮及被忽視的怒氣，關係就隨時可能出現問題。潛意識的不滿、憤怒及不確定感就埋伏在日常生活的各個角落，隨時準備好進攻，製造伴侶之間的麻煩，就連平時如天作之合的愛侶也無法倖免。

五十歲的泰德與四十八歲的珍．施瓦茲絕對算得上是幽默風趣的一對夫妻，但是只要一碰上政治議題，他們的幽默風趣便消失得無影無蹤。他們結婚十五年，育有兩子。珍從小在基督教家庭長大，是個不折不扣的左傾民主派，再進入婚姻的頭幾年，她總說：「愛上猶太人已經夠扯了，我怎麼還挑到了一個共和派的。」[5]意外的是，泰德只覺得很好笑，他還自己加了一句：「我老婆相信共和黨員生來就是撒旦的追隨者。」然而現在的他們，即使是一句簡短、乍似善意的話，都會在彼此意識形態的海面，興起一陣緊張焦慮的大浪。

最近，在一場地方選舉上，泰德表示他「讓她看了選票之後才把票插進投票機」，還試圖向她解釋自己為何投給獨立黨，而非民主黨，因為珍對此很生氣。「我們花了七、八分鐘『交流意見』，」他說，「但我還是很驚訝，我在地方選舉投個票也能讓她那麼痛苦。」我比較驚訝的是，他會給她看自己的選票，還覺得她憤怒的反應是合情合理的，明明他有權把票投給任何一個他想投的候選人，但為了安撫她有必要做到這個地步嗎？

作為死忠的反川普自由意志派，泰德仍努力不懈地避免爭執，他甚至還訂閱了各種政黨色彩的政論刊物，我的訪談者當中，他是唯一一個這樣做的人。「真相不只一個。我不想受限於單一的觀點，多方面了解更能幫助我們避免爭執，」他解釋。「我不固執己見，就能聽到各種聲音。」

但他真的有在聽嗎？泰德宣稱，自己唯一試圖影響她的，就只有「不斷勸她接收

5 譯註：多數猶太人的立場左傾。

更多新聞媒體，不要只聽全國公共廣播電臺（NPR）」。不過他很小心，不會強迫她，更不會逼她接受自己比較喜歡的右派媒體。現在他們之間的最大難題是，要如何和兩個兒子討論彼此天差地遠的政治理念。「我傾向呈現一件事情的更多面向，但她通常不想解釋那些枝微末節的差異，覺得那會『搞亂』他們的思想，言下之意就是『所有川普做的事情都是爛事，在總統任期內，他做過的事、可能做的事或會做的事，沒一件是好的』，這話我只能給她六十到七十五分，不能再高。」泰德幽默地偷偷酸了一下珍對民主黨派的狂熱支持。就像馬克·霍爾珀林一樣，泰德也很欣賞他妻子「寬容、有愛心」，不過就算如此，他還是確信「國家到處撒錢（如他妻子所支持的）是沒用的」。

泰德竭盡所能地哄她，但他的努力並沒有改善他們的問題，合不來的地方也沒有減少。珍還是不爽泰德的政治理念，泰德也不把珍的想法當一回事，雙方都沒有意識到自己對另一半其實這麼火大，也不知道自己無意間已經展露出這麼多怒氣。

我和珍單獨對談時[6]，我對他們夫妻的互動有了不同的觀點。泰德在我面前所呈現出的樣子，就是個完全不偏不倚的人，但在他的老婆眼中，就是一個比她害怕起衝突的「右派狂粉」。她也告訴我，她覺得自己和泰德比起來，不夠聰明、懂得也不夠多（我完全看不出有這跡象），所以如果他們真的敢吵起來，她根本反駁不了他的論點。「他口才那麼好，」她說，「我感覺自己根本辯不過他。」對他們而言，問題不是政治知識，而是爭執這件事本身。

就如一般常見案例，他們兩人面對衝突的態度源自於過去。「政治在我們的童年都像是地雷一樣。」珍告訴我。她的父母盡可能地避免政治衝突，然而泰德的父母則吵得遍體鱗傷，他發誓自己絕對不要重蹈覆轍，絕不讓自己的小孩經歷到同樣的事。結果，在他們家，一切潛在衝突都被粉飾了，用珍的話來講，就是「都被掃到地毯下了」。

「我的原生家庭總是充斥怒吼叫囂，我恨透了，」泰德說，「我會試著從不同角度了解一件事，並以此作為核心價值，就是因為不想和我愛的人吵架。」但是，珍則

6 作者註：我會依照伴侶的意願，選擇共同或單獨訪談。在一些案例中，伴侶只有一方願意談彼此的衝突。

是坦然承認她「只讀砲轟川普的新聞」，且完全沒想過拓展自己的意識形態光譜。

泰德維持和平的策略實在太成功，珍在剛結婚的前幾年「根本沒察覺他們立場不同」，但當殘酷的真相浮現，她告訴我：「我覺得很孤單，因為我很在意政治，他又是我們關係中的支柱，我不想感覺離他越來越遠。」伴侶若在政治以外的方面大多都合得來，就很容易因政治理念不合而產生這種典型焦慮，如果他們能學會將注意力放在合得來的地方，而非分歧處，焦慮感便會降低。

他們之間的困境不容易瓦解，但我還是婉轉地說，他們需要好好地討論彼此壓抑已久的感受，別再拖下去了。這對善解人意、深愛彼此的幽默夫妻一定能找到方法，談談他們的互動模式，以及該如何努力用相互尊重的態度表達歧見。

然而，為了要做到這點，他們必須先用心感受。珍必須先弄明白自己為何無法忍受另一半有任何歧見，並收斂她老公受不了的壞脾氣（也要了解自己易怒的原因）。泰德則必須收斂他的揶揄，也不要再極力避免衝突，並且他得克服內心的恐懼，不再擔心表達自己的意見會導致兩人分開。這麼做可以稍稍緩解他們之間的緊張，避而不談其實比他們想得還要更耗費心力，還不如坦然面對。如果做不到，還是得找其他方式，畢竟他們現在採取的避談策略最終註定會失敗。只和同一立場的人討論政治也是一個方式，而且有很多途徑，像是上網和別人聊，或是和朋友、同事聊。現在他們之間的情況：他小心翼翼，如履薄冰，而她則滿懷怨懟地退讓，心中既憂鬱又沒自信。他們都不相信，彼此在生活其他面向所感受到的欣賞及共鳴，會成為支撐他們走出困境的力量。

但他們會走出來的。

第二章

少不知事

伴侶在一起久了，往往會有吵政治的固定模式，就算對關係有害，日令雙方焦慮，他們也不會改。而對年輕族群而言，或是對剛在一起沒多久、吵架模式還沒固定的伴侶來說，可能在一開始會吵得天翻地覆，但好消息是，因為還沒變成陳年舊習，可以很快地從經驗中學習哪些事情不能做。看到這麼多伴侶能自我改進，很令人驚喜，也很振奮人心。

政治爭吵演變成肢體衝突，是最傷彼此感情的，留下的傷痕也最嚴重，同時也是最棘手難處理的。在我訪談的對象中，只有千禧世代爭執時常出現怒吼尖叫、正面攻擊以及情緒失控的現象（常是在酒精的作用下）。一位三十五歲的女性受訪者回憶道，她剛和立場比她保守的老公結婚時：「我們之前總是在晚餐小酌兩杯後對彼此發火，最嚴重的一次爭吵就是這樣來的。」我所訪談的伴侶中，凡是關係已經很長久的，都沒有像較年輕的情侶或夫妻一樣，吵架吵到摔東西、推來推去、動手動腳，甚至摔門而去，而且多半老夫老妻是在滴酒未沾的清醒狀態下吵架的，雖沒有肢體衝突，言語對感情造成的傷害也一樣地嚴重。

然而，我的訪談對象中，比較年輕的受訪者儘管魯莽衝動，卻也比較寬容，比較懂得調適，且出乎意料地誠實，有自知之明。他們似乎比較不會自以為是，比起年紀較長的伴侶更願意接納不同觀點，也更願意了解造成爭執的個人因素。他們比較容易改變自己的態度，也會改變說話模式。雖然經驗不足，但他們願意坦白誠懇地溝通，努力地修復關係。

這些比較年輕的受訪者包含一對情侶、一對閨蜜，及一對同性伴侶，全都三十五歲以下，他們吵政治的方式五花八們，有時是言語爭吵，有時動手動腳，有時則是透過３C產品，但爭執的起因及有效解決方式卻有些明顯的相似之處。

老師在講你有沒有在聽

查理是一名十九歲的英籍時尚模特兒，他的女朋友妮可今年三十一歲，是一名出生於美國的攝影師，她的母親是黑人，父親是挪威人。他們才剛開始交往幾個月，最近妮可搬進查理的公寓與他同居，就爆發了一場爭執，差點讓他們分手。當時是半夜，他們站在廚房，鄰居小朋友在外面街道上放炮竹，鬧哄哄地，吵得查理很火大，他便說了句：「為什麼黑人窮小鬼都這麼吵啊？」這句話不出預料地踩到了妮可的地雷。即使妮可知道查理不是種族主義者，聽到這句話後，還是立刻為查理「臨時加課」，幫他上了一堂「美國種族關係」。「他說的話已經越線了，」她解釋，「我必須認真地教教他黑人奴隸史，我有提到一些電影，希望能給這個年輕白種特權男一點啟示。」而這位年輕白種特權男（其實他是由媽媽獨自扶養長大，家境並不好）並沒有得到任何啟示。「她和你說了這麼多，你有因此改觀嗎？」我問查理。他微微一笑，魯莽挑釁地回了一句：「沒有。」

查理突然爆發的情緒（以及他對她試圖灌輸思想的惱怒）讓她心裡非常不舒服，因為妮可的父母曾遭受嚴重的歧視。「他表現得很不屑，也很抗拒。我覺得他根本沒在聽我說話，」她說。妮可絲毫沒有察覺到，今天不管是誰處於她男友的情境，都不可能感恩戴德地「被迫修一堂課」，這跟「把文章丟到對方面前」沒兩樣，只是改用說的。不管她的動機是多麼誠心且合情合理，都沒有表現出來，而是用一副無所不知的態度「教育」查理，因此引起了他的不滿。如果她當初是直接表達並解釋她的感受，而不是像媽媽或老師一樣教育他，他或許就會聽進去了。然而他們當時的討論卻走歪了，演變成互相推擠和大小聲。

妮可：我不讓他離開，然後逼他坐下。

查理：她把我按在椅子上。

妮可：他一度想轉移話題，但我覺得我還沒說完。最後我搞得他筋疲力盡。

查理：我也跟她槓上了，我就是在等自己被逼到再也受不了。我告訴她：「我沒有要你認同我說的話，但你也不要控制我該說什麼話。」

接著，我們的訪談好像被施了法一樣，他們兩人開始傾聽彼此說話，理解彼此的感受。查理承認自己無知，並表示很在乎自己的無心之言對她造成的傷害。他說：「我知道，我還不夠了解美國的文化脈絡，沒資格評頭論足，但我必須確定，我說的話沒有真的冒犯到你。」他敞開心胸，體諒妮可的感受，讓她也願意解釋，她之所以擺出高他一等的架子，是由於內心的焦慮。她說：「除非你對其他人有點同理心，不然我怎麼確定你會對我有同理心？」當兩人都對彼此釋出善意，妮可就能承認之前的做法為何會失敗，並清楚表達自己對查理的情感需求：「我之前一直只逼你了解事實。你可以有你自己的觀點。我只希望你能更通情達理。」他欣然地接受了她的勸戒。

他們也對彼此了解得更深了，未來若是遇到不可避免的衝突，他們絕對能基於對彼此的了解，化險為夷。在他們討論第一次激烈爭吵以及那次爭吵對個人的意義後，查理發現，他媽媽從他小時候就教他「做人要坦白，有話直說」，但在妮可記憶中，她卻是從小到大被媽媽警告「小心禍從口出」。一個人被鼓勵大膽說出自己的想法，另一個人則被要求時時刻刻謹慎發言。之前，他們被憤怒矇住了眼睛和耳朵，現在他們終於能看著對方，傾聽彼此的話，並且將心比心。無論是談政治還是其他話題，同理心都能使溝通更順利，也能使人更加親密。

「政治再教育」不僅無效，好朋友還會跟你絕交

在查理和妮可的案例中，他們使用蠻力加上吼叫的方式表達自己的觀點，結果卻差點毀了他們剛確定沒多久的關係。而瑞秋也為了清楚表達觀點，採用了一個「尖

端技術」，卻險些被她的閨蜜布列塔妮切八段。瑞秋是布列塔妮七年來的閨蜜，對於二十五歲的她們而言，這是一段很長的友誼。她們之所以還能和好，是基於幾年來累積的友情，同時也是因為她們最後願意討論瑞秋的「思想灌輸」行徑在她們之間劃下的裂痕。

瑞秋和布列塔妮是知己，也是同一個姊妹會的成員。布列塔妮一直都覺得瑞秋「超有趣」，且待她溫暖又真心。當她們都因工作而搬到紐約時，有聊不完的天（無時無刻不在互傳訊息），直到二〇一六年總統大選前夕，政治立場的問題猶如漩渦一般，淹沒了許多人際重要關係，而她們之間的情誼也被捲進去了。瑞秋是希拉蕊的鐵粉，曾在南部為她助選拉票。布列塔妮則曾在國會當過共和黨的實習生，但這個經驗澆熄了她對政治的熱情，她再也不願意參與公共事務。二〇一六年，布列塔妮犯下了一個大錯，她和瑞秋講，兩個總統候選人她都很討厭，她決定誰也不投，但瑞秋覺得無法接受。在這之後，瑞秋做了一件事，美好友誼真的差一點就終結了。

當年七月，兩黨代表大會都已確定總統候選人後，布列塔妮在滑手機時看到一封瑞秋寄來的奇異信件。瑞秋寄給她一個ＰＰＴ簡報，上面的主標題是「關於政治，你一定要知道……」，子標題則是「希拉蕊幹的大事」。瑞秋懷抱著一股傳教士般的熱情，不只想說服她的好友投票，更要讓她像自己一樣，成為一個民主黨的忠實信徒，方法就是寄給布列塔妮一個令人傻眼的檔案。簡報當中除了讚揚希拉蕊展現出的所有美德以及每一項功績，還包含一個章節，標題是「川普的功績」，但想也知道，內容是一片空白。

布列塔妮接收到這種不請自來的思想灌輸，當然很火大，覺得這根本沒有任何一點啟發作用，純粹是思想霸凌。幫查理「上一堂美國奴隸史」的妮可和瑞秋比起來，簡直是小巫見大巫。

布列塔妮當下的回應反而讓狀況更糟了。「我回了她一封信，大罵特罵希拉蕊有多討人厭，」她回想，「我還問她『所以這兩個，誰比較不爛？』」但之後布列塔妮發現，除了收到幾封長篇大論的嚴肅反駁以及更多政績數據之外，她想要再聯絡瑞秋，對方都沒有回覆。不像許多其他千禧世代的人，布列塔妮很理智地沒有選擇傳訊息告訴瑞秋她的真實感受，而是要求當面談。

儘管瑞秋不斷迴避和布列塔妮溝通，也一直以「太忙」推託，不肯與她見面，萬幸的是，布列塔妮依舊沒有放棄這段友誼。當我問瑞秋，布列塔妮一再地示好，為何她就是不回應，她告訴我，她是個「慣性逃避衝突」的人，如果布列塔妮沒有不屈不撓地一直說服她，她們友情的裂痕可能就永遠無法修復了。瑞秋的口氣中帶著頓悟與後悔。很顯然地，瑞秋之前沒有意識到，自己傳的簡報有多惱人，因為在她腦裡，那只是為了陳述客觀事實，就像美國前總統傑佛森在〈美國獨立宣言〉裡寫道：「將事實向公正的世界宣布」（Let facts be submitted to a candid world.）我們都知道，比她年紀更大的人或是更有經驗的人也可能採用相似的手段，造成相似的結果；雖然咄咄逼人從來不會讓人改變觀點，但還是有不少人選擇這種方式說服他人。

我想知道，是什麼驅使她寄出如此一份希拉蕊鐵桿粉絲宣言。「或許我應該要當面給她的，」她想了想，「但我不後悔那樣做。我的人生目標就是要讓她內心有信仰。」但事實上，她的目標顯然是想叫她的朋友信她自己所信。「布列塔妮消極的態度很不成熟，還跟我說，『我不需要管政治』，但我強烈回應『妳在說什麼啊！妳怎麼可以沒有想法，妳怎麼可以不挺希拉蕊？』」但是，如果布列塔妮選擇支持保守派，瑞秋也表示：「那我跟她就做不成朋友了；一個人的政治傾向能顯示出他的中心信仰。」

這個說法還有討論空間，但雙方陣營都有人斬釘截鐵地如此表明，他們都深信只有自己的觀點才是真理。

這兩位年輕女生衝突的真正根源，並非在於表面上是否要去投票以及投票對象是誰，而是她們心中對政治參與的詮釋不同。對瑞秋而言，積極參與政治讓她不會覺得自己只是被動地承受生命的磨難，因此是必要的；她告訴我，她的父母同時身患重病，她就是靠著參與人權運動以及宣傳民主黨的施政目標才撐到現在。政治是能量來源，讓她在逆境中得到慰藉。她解釋：「我之所以有力量好好地活著，是因為我領悟到世界上到處都有人在受苦受難，而我有能力為這個世界做一些事情。」她將自己寄出PPT視為「盡公民責任告知他人正確資訊」。瑞秋的誠心忠告在她朋友布列塔妮看來，卻有截然不同的意義。布列塔妮身處家庭危機時，父母總是主宰著她的情緒，規定她應作何反應，他們總是要求她將道德義務置於自己的感情與需求之前。瑞秋和布列塔妮之間的衝突是源於不同的過去經歷，但她們一直沒意識到。

最後，布列塔妮覺得比起自己的怒氣，她更重視瑞秋，而瑞秋也是如此。「我們之間一向都是坦誠相見，」布列塔妮跟我說，「遇到問題的時候，我們一定會告訴對方。

總而言之，我很信任她。」瑞秋也同意，布列塔妮在這場友情危機中對她不離不棄，其性格如同自己的投票態度一樣堅定。

結果，布列塔妮終於有機會和瑞秋當面談清楚。有一晚，她們都出席了同一場派對。布列塔妮直接衝去找瑞秋，堅持要瑞秋一起談談兩人之間到底怎麼了。她一點都不想因為政治失去一個真正的朋友。這次瑞秋回應她了，她說：「我跟她說『我不是故意要不理你，我道歉』。」現在她們比之前更親密了，不過瑞秋還是補了句：「我希望你可以再不共和派一點。」

布列塔妮是個實際的人，她知道自己很有可能會再次收到瑞秋給她的PPT，畢竟她當初收到的那個簡報其完整標題是「希拉蕊幹的大事：第一篇」。即使瑞秋支持的希拉蕊二〇二〇年並不會參選總統，但布列塔妮知道最有可能參選的就是川普。「如果他要競選連任的話，一定又會發生同樣的狀況。」她無奈又好笑地說。到了二〇二〇年，「第二篇」很有可能載著必要的更新內容與修改後的標題，再次飛到她的收件匣裡，但那個時候，寄件者和收件者兩位應該都更加成熟、有智慧，也應該比之前更有能力收拾殘局，就如他們異口同聲所說：「我們現在都明白，我們對彼此而言是多重要的朋友了。」

兩個川粉的戰爭

如果一個激進派的保守派川粉會和另一個川普支持者吵得不可開交，一氣之下酸對方「左派憤青」，那想必兩人的關係一定會大受傷害。他們兩人爭吵不斷，都記不清最近一次吵架是在吵什麼了，但那次卻吵到互相吼叫，砸壞了大理石桌，還砸爛了一支手機。三十歲的彼得．柯林斯是一名電視節目製作人，而三十五歲的杰克．強森則是一名廣告業務，這兩位聰明、迷人又有才能的男性已經在一起五年了，平時是一對相親相愛、負責任且熱心公益的情侶，但時不時地都會為政治或其他議題發生爭執。最近一次爭吵中，兩人不只問候對方全家，你推我擠，最後乾脆赤手空拳打起來，變成一場摔角比賽（所幸沒有受什麼嚴重的傷）。

儘管他們實際上意識形態立場相同，在總統大選和州長選舉也都投給同個候選人，並且有相像的世界觀，但類似的失控情況卻不止一次爆發。

近六個月來，他們酒後吵架次數明顯減少了（彼得承認，「我們會打起來都是喝酒害的」），連帶對物品及心靈的損害也減少了，但歧見仍然潛伏在親密關係的表面下，一點小事就會引起過度反應，讓對方覺得掃到風颱尾。就像多數案例那樣，持續的激烈爭吵都不是真的在吵政治，背後一定有深層的原因。

彼得和杰克都支持第四十五屆總統川普，但理由不一。雖然這並非衝突不斷的真正原因，表面上的紛爭卻是因此而起。杰克從一開始就是川普的狂熱粉絲。「我懂川普，」他確定地說，「大家都不懂，其實他才不是衝動行事，一切都是計劃好的。」彼得則是支持川普的政策，但強烈反對川普的個人作風，尤其是他對待女性的態度。對川普的不同看法形成他們最大的爭論點，就像其他歧見更深的伴侶一樣，彼得和杰克都想要對方改觀，或接受自己的想法。

「我們吵架的方式很不一樣，」杰克說，「他很大聲，很激動，會扯破喉嚨大吼大叫。我會試著保持冷靜，就事論事，但他不管事實如何，只想看誰比較大聲。我列出成千上萬件的事實，但他只顧著喝醉，我反而會更執著地想把事情講清楚。然後我們就會拿東西互丟。幸好，我們現在冷靜不少。」他們剛認識的時候，杰克曾是彼得很敬佩的心靈導師，但杰克在兩人吵架時採取「妮可暨瑞秋學派教育法」，他的辛勞教學因此也只換來差不多的悲慘成果。

當然，彼得對於他們爭執的過程有另一套說法。「杰克總把自己的感覺包裝成事實。當我挑出川普個性上的缺點時，他就會說『那才不是真的，你不懂啦』。」彼得是否已經看透，他這位「前任心靈導師」實際上也沒有那麼英明？「我總覺得他是我所認識的人當中最聰明的，但後來我想，搞不好他沒那麼聰明。我無法忍受一個人聽不進別人說話。」他希望杰克能接受彼此對這麼重要的事有不同的觀點，並承認他的觀點也有幾分道理。然而，杰克可完全不這麼想：「事情有沒有可能演變成，最後我終於發現，彼此有些核心價值觀根本不同？我了解有時人與人之間總會有意見不合的時候，但就這件事，我是不會讓步的。」彼得又說：「就算我說『我不會改變我的想法』，他也不會閉嘴。他不懂得適可而止。我根本不想吵下去，但他還是咄咄逼人。就連我走出房間，他也要跟出來。他不能再這樣對我了，簡直就像語言強暴。」

彼得用嚇人的比喻顯示出杰克惱人的行為讓他有多痛苦。像彼得這樣，對某個當前情況產生誇張的過度反應，通常是源於過往經歷。

彼得有個疏離又專制的父親。小時候，他總深深地感覺到被父親否定，在他父母離婚前，每次他和三個姊妹發生爭執，父親總是站在姊妹那邊，從沒有一次站在他這邊，且因為他和父親的政治理念不合，父親便冷落他；彼得的思想獨立從來沒有受到肯定。「他叫我和姊妹們道歉，但我說『不要，錯的是她們』，然後不用說也知道，我才是被教訓的那個。」彼得回憶著，他到現在依然覺得很受傷。他厭惡他父親的霸道無理。「到現在，我一感覺到自己像是個白痴，就會失去理智，」他說。彼得的想法、個人原則以前從來沒有受到尊重，所以即使到了現在，他依舊不能忍受自己講的話沒有被聽見。當他覺得被杰克無視或羞辱的時候，就會發言堅持自己的主張，真的被逼到受不了或抓狂的時候，就會動手。

事實上，杰克和彼得吵架時，再怎麼樣都要糾纏在對方身邊，是基於在內心深處對分離的焦慮，那比暴力更令人絕望。杰克小時候患有嚴重的濕疹及過敏，長期住院治療。「我感覺被全世界拋棄了。」他回憶道。他一定是在心中將離開家人解讀為被放逐與拋棄。所有的小孩在孤單害怕的情況下都會這樣。

甚至當杰克回到家裡，他也無法與父親有實際接觸或情感交流。他的父母感情疏離，父親大部分的時間都待在地下室的房間裡，母親也「只是隨他去」。兩人吵架時，父親就會大小聲，然後回到他在地下室的房間，喝到爛醉如泥，有時他母親還得「逼迫」他去匿名戒酒會。這些原生家庭的經歷造成了杰克深深地害怕被拋棄，因此他在吵架時會跟著彼得出房間。他沒辦法忍受被隔開在不同空間，就算只隔著一扇門也不行，彼得一生氣離開房間，就會引發他內心的焦慮。

他們只要一吵架，就會不知不覺間變成對方冷漠、疏離、愛批評又好爭的父親，雙方都覺得被無視了，因此得要使出各種可能的手段讓對方肯定自己的存在。他們的童年經歷到現在還是會激起他們的憤怒與焦慮，以及無法忍受的潛在傷痛。

為了阻止大戰再一次爆發，彼得試著先認錯以平息爭論，但常常失敗。他會提醒杰克：「我承認我才是失控的那個人。我會說『你知道我的脾氣，最後總是會砸壞東西』。」然而他們現在都逐漸知道哪些行為會造成對方恐懼，也了解其背後的動機及根源。「幸好，我們正在學習停止這些行為。」彼得鬆了一口氣地說。

其中一個改變關鍵是，他們現在都不吝於表現對彼此的肯定與欣賞，這是他們從沒在自己父親身上得到過的。一提到他們一同投入公民運動得到的成果（兩人都投入了地方政治），彼得說：「杰克和我互相競爭，但又合作無間。我們或許吵了很多架，但也一起幹了許多厲害的事。」

而最令人感到樂觀的跡象是，兩人都在努力弄清楚，自己失控的情緒是從何而來，以及自己在對方心中喚起了什麼過去沒解決或沒被滿足的情緒（還有，他們也不再喝混酒）。杰克說：「我們的爭吵是政治引起的，卻帶出了我們內心的潛藏問題。沒喝酒的狀態下，我們根本吵不起來。」彼得又補充：「破壞關係的不是川普，而是關係中的當事人；詹姆士．卡維爾（James Carville）[7]都還和他相反立場的老婆在一起呢。」他們也各自不約而同承認：「我們吵的事好蠢。」

一旦他們能認清，政治只是對彼此生氣的幌子，就能處理怒氣的真正來源。他們互相欣賞，基本思維相似，又能了解彼此的想法，想必能共築美好的未來（只要能避免將情緒發洩在家具上或彼此的身體上）。

吵架一時衝動就酸對方是「左派憤青」，類似的事之後一定還是有可能發生，雖然這種誇張的指控讓人很不爽，還是可以選擇一笑置之，或用幽默化解，說那真是荒謬啊！畢竟，比起打架受的傷、摔爛的桌子、手機或碎成一片的心，修復這種酸言酸語造成的傷害簡單多了。

成長不是件容易的事，但能看到這麼多年輕的伴侶放下深沉的傷痛、擺脫沉重的痛苦，變得更成熟又自制，讓我覺得十分欣慰。

7 編註：詹姆士·卡維爾是民主黨的重要幕僚，曾任柯林頓的顧問，他的妻子瑪麗·瑪塔琳（Mary Matalin）則是共和黨的資深顧問，近日也發言支持川普。

第三章
家庭內戰（I）

父母vs.子女

若說朋友、伴侶之間吵政治是複製彼此的原生家庭經驗，那麼親人的政治衝突就是源源本本深植於彼此內心。一個人和父母、手足及其他近親的關係是切不斷的；就算離開故鄉，改名換姓，改變宗教信仰或黨派傾向，也無法徹底擺脫原生家庭，因為我們和原生家庭的關係會一直存於心中，並影響之後人生的所有親密關係。

小至一個不贊成的眼神或負面評論，大至被自己的父母或兄弟姊妹刪臉書好友，或叫你不用參加假日的家庭聚會，甚至因支持不同候選人而成為家族中的不受歡迎人物，都會使關係更緊張，有時會演變成難以挽回的局面，且若是忽視或是擺爛，就會越來越難和好，造成親人間永久失和。而在每個案例中發生的事情，都並非政治意識對立所引發，而是源於更根本的問題。

在所有類型的家庭衝突之中，父母與子女之間的爭執是最難解也最痛苦的，往往歷時最長，傷人最深，並能追溯到最久遠的過去。吵架的內容無關緊要，而是與愛、身分認同、接納認可、自我表達及自主權等議題息息相關，它們會帶來最強烈的挫折與無助感，甚至會造成宛如末日到來的絕望感。有些子女（包含已為人父母的成年人）對於和父母溝通感到絕望，或是在某些淒慘的案例中，父母覺得被自己的孩子拋棄了。這些父母與子女的困獸之鬥，自開天闢地以來便存在，只是現在被困在名為政治的競技場上。他們會為不同的新聞議題或政黨傾向爭吵，但爭吵的模式總是不知不覺一再重複，到後來都感到麻痺，覺得自己是受害者，完全無法分析當下的狀況，更不用說認清自己做了什麼事情導致爭吵不斷延續。若想改變這個惡性循環，必須先意識到有這個情況。

為什麼親人間的爭執會披上政治外衣呢？因為各黨派的主張時常渲染力很強，讓人喪失深度思考的能力，以致難以看清爭吵下的潛在主題。媒體的誇張言論猶如火上澆油，合理化了人們的暴怒（並埋藏了怒氣的真實來源）。且現在只需以不同觀點作為藉口，便能掩飾所有不能容忍也不該容忍的攻擊。尤其是最近，政治成了表達許多情緒的方便媒介；關係越親近的人，就借題發揮吵得越兇。

在長大成年後的子女心中，政治爭執也有另一層新的意義。面對父母老去、失去健康的人生困境，心痛、焦慮使他們緊緊抓住表面上的爭執，否則一旦往內心看去，就無可避免地得去面對父母即將離去的失落及崩潰，以及承認多年來破壞親子關係的問題將永遠無法解決。最痛苦的衝突莫過於此，當你渴望溝通，卻發現對方已經不在人世了。

比起改變其他人的想法，說服年邁的父母從反對轉為支持，或是試圖和已經失去理智的父母進行理性對話，才是最痛苦的，雖然最不可能成功，卻也最不想放棄。

一致的政治立場已經被當作感情和睦的象徵，因此當父母老去，解決分歧就變得更為急迫了。改變父母政治立場是難以企及的目標，成年子女時常將它視為最後一次機會，以爭取從不曾得到的肯定。沒幾個人能接受再努力也不會被讚賞或認同，所以不管對方是裝糊塗，還是真的聽不進去，人們還是會一直努力想讓對方改觀，即使徒勞也不認輸。然而，放棄對成功的期盼，不再白費工夫，才是健康的態度，也能放自己自由。要接受關係當中並非所有事情都能改變，這是必要的一步。在父母在世時終結爭吵，便能提早開始消化喪親的悲傷。

政治立場的衝突會激起強烈的情緒，並讓人有正當的理由爆發出來，藉由激動人心的外在事物，轉移對生病、年老及死亡的恐懼與憤怒。這解釋了為何有些政治爭執會激烈到令人害怕焦慮，有些人向我表示，他們的配偶或是父母之一得介入，防止吵架的雙方打起來。

然而，在一些案例中，我們的一次訪談卻為他們帶來了意料之外的幫助：成年子女開始爭取家人的支持，為好戰的父親或母親尋求心理諮商或醫療協助，還有一個案例，是父親主動尋求醫療協助。結果，家庭戰爭的情況大幅改善。

在我們家談政治就是在丟炸藥

沒什麼事能比看著敬愛的父母一天天衰老更痛心的了。儘管如此，子女仍執著於和父母討論政治，互相交流對世界的看法，希望自己的觀點能被接受，並建立連結。雖然這份執著只會換來深深的失望，但他們不太可能放下，因為一旦放下了就表示：希望已死。就算理性對話的可能性早就消失了，子女心中還是渴望交談，死命抓著一絲希望不肯放手。

梅根・布萊克的父親六十六歲，是位科學家，他總是給予梅根人生的啟示。然而現在，年邁多病扭曲了他的性格，他曾是個心思嚴謹的人，現在卻變得獨斷專橫，時常對她及其他三個兄弟姊妹發脾氣，讓四個子女既痛苦又絕望。

三十八歲的梅根是位建築師，她覺得自己是父親的翻版，並以此為傲。「我以前總是把他當成典範，追求知識要實事求是，」她告訴我，她威風凜凜的父親教會她思考、質疑以及深思，並建構知識體系支持自己的觀點。但這樣的時光已不復在；現在不論她多努力地試著和他講道理，安撫他，或在他行為粗暴、口出惡言時轉移他的怒氣，他還是照樣發飆，然後她的情緒也跟著失控。「我成年之後，大部分複雜的問題，我都覺得有辦法解決，但這件事，我承認，真的難倒我了。」

即使梅根很欽佩自己的父親，也很清楚父親性格上的稜稜角角，雖然給人鮮明的印象，卻不是個好相處的人。「他真的是個很聰明的人，」她肯定地說，且堅持現在仍是如此。「我們兩個都有大學以上的學歷，又有共同的興趣。我們的父女關係特點就是，能以合理的態度尊重彼此的聰明才智。然而，他以前一直是個獨裁又嚴格的管理者，妥協從不是他的強項。」

儘管梅根和父親有許多相似處，但布萊克先生一輩子都是保守共和派，而她在政治立場上則左傾。雖然意識形態不同，討論時卻能激起思辨的火花，但隨著布萊克先生的身心狀態越來越差，聊政治就淪為一場場惡夢，令家中所有人痛苦悲哀，尤其是梅根。「在我們家談起政治，簡直就像拋炸藥，」她難過地說，「那會激起他最糟糕的舉止及最極端的反應。現在任何事只要意見不同，他就覺得自己被瞧不起了。」他們的親子關係已經緊繃到她必須疏遠這個世界上最尊敬的男人。她說：「比起小時候，長大成年後更難做他的女兒。我們不再像以前一樣時常說話。最讓我難受的是，我以前總認為他對人生有獨到的想法，現在卻親眼看著他變成這個樣子。」他們之間還有救嗎？

布萊克家無法避免一再重複的內戰，且每次都依循差不多的模式，梅根發現根本無法終止或改變。全家人每次都發誓絕不再聊政治，別再讓愛國的老爸大發脾氣，但沒一次成功。「如果你跟他理念相同就沒事，但只要反駁他，就完蛋了——難免有人會出聲反駁，爸爸便會像狗看到骨頭一樣死咬不放，爭個沒完沒了。」

我問他們，既然都預料得到後果，為什麼還是堅持「提出反駁」呢？「如果他的想法有誤，我卻不向他解釋清楚，感覺很不誠實。」梅根解釋。她依然謹遵她父親的教誨，彷彿他還是那個理性、值得欽佩的辯論對手，像她小時候一樣。「我的耳邊不斷迴盪他的聲音，對我說：『妳有沒有進一步思考過？』我真的超級希望他還是那個我印象中的爸爸。」她雖看出父親悲劇性的轉變，卻遲遲不肯接受。

政治爭執毀了梅根的家庭聚會，其他相同處境的成年子女告訴我的狀況也幾乎都是如此。逢年過節的聚會情況最慘，每次都是大災難，沉浸於自我折磨的父親或母親，突然開口砲轟親戚，把氣出在他們身上。布萊克一家仍懷抱著一切會好轉的希望，但從未成真。「我們不斷嘗試各種方法，想讓狀況穩定一點，」梅根說，「每次我們都說『這個方法一定行得通』。」

關於今年聖誕節的聚會，她認為自己想到了一個萬無一失的方法，能避免再過得像感恩節一樣喪氣。「我們要去一個不同的地方慶祝，就在他家那條街上，這樣他就不用花四個小時，筋疲力盡地來我家，」她告訴大家，「這麼一來他就不會那麼煩躁。」彷彿這樣做就能神奇地改善他的情緒與行為。

梅根及她的家人堅信，換一個聚會場合，心情也會跟著轉換，他們所提倡的這個方法，我稱之為「地理位置法」（Geographical Solution）。這個方法一直很夯，除了布萊克一家，有非常多人用過，但從來不見效。

到我們訪談的最後，我問梅根，她有沒有夢過自己的父親。她對這個問題感到意外，然後肯定地回答我：

> 我小時候做過一個很鮮明的夢，我夢到爸爸的喪禮。他去世了，躺在棺材裡，接著他起來了，然後沿著走道，走到講道壇上唸他自己的悼詞！這個夢告訴我，事情的走向總會在爸爸的掌控中。

其實那時她就知道，這個有趣又有洞見的夢，已經預先告訴她，父親的意志十分堅定，控制欲又強，即便死亡也阻擋不了他的決定，還是他說了算（就算不是他本人，也是她腦海裡的他）。她一直都明白這點，只是從沒意識到自己原來知道。

我們訪談的三個月後，我寫信問梅根，這次的聖誕節慶聚會有沒有什麼新進展，她的回覆完全出乎我的意料：

妳提到一件事，我一直記在心裡。妳說我無法接受的是他病況真相。確實如此。我注意到，聖誕假期間他時不時會發作，有時嚴重，有時輕微。他的情緒反覆無常，會犯糊塗，控制欲強，但有時又展現出近乎多愁善感的溫柔及專注。大體上，他都保持得很鎮定，但他只是在壓抑。我們都在等他「大爆炸」，可是我們順利地度過了這段假期，直到我要準備離開，他開始大罵我兄弟的育兒方式，說那種管教方式反映出了他的自由派政治理念。

聖誕假期過後一星期，我爸自願接受精神病評估及治療。自從那時起，他就開始看精神科，並固定接受心理諮商，對他的情況似乎頗有幫助。

如果要學會接受爸爸的年老衰弱，我相信我必須少跟他聊一些會讓他放飛自我的事情。討論世界局勢並不會增進我們的關係。他一天天老了，身體也一天天變差，我不想浪費時間，這才是重點。

想不到，梅根與布萊克先生兩位皆做出了很棒的改變。布萊克先生承認了自己的情緒問題，並尋求協助，他的女兒梅根則不再幻想父親有天會接受她的觀點，她面對現實，了解他們在目前的關係中可以做到的事情。不管這對父女還剩下多少相處時間，他們都能因自己的改變而找到真實的彼此。

我媽媽是左派機器

五十八歲的克里斯多夫．德瑞克是個退休的承包商，他確信自己八十二歲的母親被大量的左派陰謀論洗腦了。這位「非常保守的自由主義者」聲稱：「她是極左的『假共和派』（也就是以共和派之名，行左派思想之實），她都只看《紐約時報》、《紐約客》週刊，還有聽美國國家公共電臺的新聞。」他將母親抨擊時政的長篇大論一字不漏精心抄下，寄了好幾頁給我，作為母親被洗腦的證據（也用長篇大論駁斥母親的觀點）。雖然不能確定是自由派媒體點燃了她的怒火，但可以確定的是他們母子都很憤怒——這位母親挑釁、出言不遜，且機關算盡，就是要激怒她的兒子，讓他苦惱並且恥於與母親意見不同。很明顯地，兩人都有這樣做，且很成功。他們住在一起，隨時有機會打起口水戰，且一吵就幾乎停不下來。無論是什麼主題（墮胎、種族、持槍權），她似乎總是在找新聞話題釣他來戰，而且每次都得逞，因為他每次都費盡心力地辯護自己的立場。為什麼他會一直上鉤呢？

當他描述母親怒吼的語氣時，他抱怨的語氣透露出了痛苦與悲傷。「我媽和我『討論』政治時的語氣，跟我們平常講話截然不同，」他肯定地說，但是有鑒於她毫不留情的攻擊力，我懷疑他們的平常對話也很慘烈。「只要一談到政治，她就無法溝通，簡直不可理喻。為什麼要給我冠上種族歧視者、偏執狂、性別歧視者等等的罪名，故意激怒我？她怎麼會認為我有那些邪惡的思想？難不成我投川普一票就能代表我的人格，而且遠比不上她給我的一生教養？她變成左派機器了嗎？她怎麼會被左派思想洗腦得這麼嚴重？她甚至還對我說出『我很慶幸你爸不在世了，不用看到你變成這副樣子』。」每次她一激他，他就會上鉤，認為自己別無選擇只能迎戰，再把她的尖酸刻薄怪罪於無良的媒體，並堅持「現代自由主義是一種精神疾病」，而不承認他母親的異常狀態已經嚴重到不專屬於任何意識形態，就算與他的想法南轅北轍。只要他能怪罪《紐約時報》及其他諸如此類的媒體汙染她的思想，使兩人為敵，那他就不用責怪母親了。他說服自己，只要自己再努力，提出的論點足夠強而有力，便依然可以重獲母親的愛與尊重。

克里斯多夫雖沒有像梅根對她父親那樣，將德瑞克太太視為道德模範與偶像，但顯然還是很依戀他的母親，盡力地呈現她最好的一面。他告訴我，母親深信教育的重要性，且她自己也有大學以上的學歷。然而，他也確實承認：「我們的童年經驗有些受限。」他的說詞在我聽來算是輕描淡寫了，因為德瑞克家雖屬中產階級，卻只去過「一兩次」家庭旅行，他和姊妹從來沒辦過生日派對。對於開車旅行、碰上壞天氣，以及其他生活上可預期的危險事物，他的母親聽起來像是有嚴重的強迫症，幾乎接近偏執狂的地步。儘管克里斯多夫對此給予正面的解釋，他強調：「我們知道有小孩過得比我們慘多了。」他母親的行為還是很掃興，巴不得控制所有人及周遭所有事情；她偏執的傾向並沒有隨著她年老、記憶力開始衰退而改善。

克里斯多夫很努力地告訴我，不論母親多麼暴怒地控訴他，他都費盡心力地與他「兇暴又盲目的左派」母親講道理。我請他描述爭吵的過程，他說：「我反駁的話才講幾個字，她就開始大吼大叫……」我問他：「到底為什麼，你明知道她不會聽，卻還是要反駁她呢？她的看法大概不可能改變。」「我不這樣想，」他說，但語氣中帶有一絲疑惑，「她會先提一件事，說一說就開始對我大叫。」「你是希望能找到她的弱點，讓你能說贏她嗎？」我很想知道，「假如她就是真的不可能和你好好討論呢？」「那我們就不能談政治了。」他沮喪地回答，因為覺得母子會失去連結，內心充滿挫敗感。他十分渴望和母親的對話能有啟發性且能拉近他們的關係，但現在他必須放下所有期待。他永遠無法讓母親理解他。

我們訪談開始後，克里斯多夫慢慢理解，傷害他們母子感情的衝突可能與邪惡媒體的影響沒什麼關係，而他們關係當中存在的課題，以及母親的精神問題受到忽視，才是造成衝突更相關的因素。克里斯多夫主動表示，政治可能不是實際上唯一的原因。「我有一個蠻激進的左派朋友，但我們能好好聊天，關係仍然很密切。」他說。他的邪惡媒體影響論由此被推翻了，於是有可能看透母子痛苦爭吵的真正起因。

我提示克里斯多夫，假設今天他們的立場互換，母親變成暴怒的保守派狂熱分子，而他則成為理性的自由派，一心尋求對話與理解，相同的爭執可能還是會發生。我的一番見解讓他想起，已逝的父親有一次和他談心（他母親堅稱，父親一定會被他轉右派的立場嚇壞）。「我爸和我媽結婚四十年後，他偷偷告訴我『我不知道為什麼我們還沒離婚。想反抗是不可能的，你根本鬥不過她』。他總是巧妙地避開她（然後自己去旅行），從不和她正面起衝突，他過得很窩囊。」「這就是你無法不和你媽吵架的原因，」我說，「如果你不和她吵的話，就會變得像你爸一樣了。」

我問克里斯多夫有沒有夢過他父親，他回想起他做過的一個夢，這個夢可以進一步解釋他為何不願意放下爭執，在那個夢裡，他說：「我隨便走進一家小披薩店，然後我爸就坐在一個餐桌前處理文件，我很訝異會見到他，我說『爸，你在這幹嘛』。我當時知道他已經去世了。」他父親是個事業成功的男人，曾參選公職，但在克里斯多夫的夢裡他的地位卻降低了，這顯示了克里斯多夫對他父親角色的評價——這個父親壓抑自己，屈服於自己的妻子，而未能保護自己的兒子。在克里斯多夫的另一個夢境裡，他的父親處在「邊緣的位置」，而非正中央，這又具象顯現了父親現實中的情感態度。

克里斯多夫因討論這些夢境而對他們的母子爭執有了更深的認識，他也重新理解，當母親假借政治詆毀他的人格時，他會感覺不得不拼命吵下去的原因。我告訴他：「你會認為爭執是由政治立場引起，是因為你被誤導了。這在心理學上叫『顯性內容』，也就是隱藏內心真實情況的表象。你一直覺得，如果你拒絕迎戰，她就贏了。」

他的回覆讓我印象深刻又感動，他表示：「我爸沒做的事，我來做，我會負責掌控我們的狀況。『我讓步是因為我很弱』和『我不和她吵是因為我很強』兩者之間是有些不同的。」

接著他也洞察了另一件事。「如果我們不談政治的話，我們就不會吵架……」但他突然停下了，又說：「喔不，不是這樣。我記得有一次我差點被趕出家門，那次不是吵政治。我當時想烤個什麼東西，要向我的姊妹借我需要的烤盤，但我媽堅持我得馬上自己去買一個，她還給我錢。她說：『你怎麼敢違抗我？』」我提醒他，光是為了一個烤盤，他母親的用詞確實有些嚴重了，克里斯多夫能明白我的意思。「意識到她有很嚴重的問題，讓我倍感寬慰，」他說，原本盲目的憤怒語氣已經消失了。同時感覺到痛苦與解脫，是可能的。

父親vs.兒子

一位三十四歲關注倫理議題的科技業男同志、一位三十一歲大學肄業、從伊拉克退伍的軍人，以及一位二十三歲熱愛科學的保險業務員，他們三個人會有什麼共通點？他們都和自己父親的政治立場迥然不同，卻還是想要父親接受自己的觀點，但他們的盼望從未得到回應。

這三個兒子力圖維持理性的對話，找到與父親的共識，並避免正面衝突，但父親們堅決主張自己的權威與觀點，於是父子關係迅速惡化。他們似乎無法明瞭，持不同立場的兒子有多麼地景仰自己，而自己的行為多傷他們的心。

在父子關係的戰火中，政治成為了最後防線（為永遠吵不完的架提供完美的藉口）。科技男的信箱被父親寄的惡意群組信件灌爆，退伍軍人被父親刪臉書好友，而保險業務員則因為對氣候變遷議題有不同看法，父親就動手動腳。不管是左派還是右派都沒有差別，家庭苦難都是一樣的。

㊉

三十四歲的大衛．馬歇爾是個資訊技術專員，為了努力跨越與父親之間的鴻溝，他常常閱讀倫理及溝通相關的書籍。他們父子皆在數學領域有很好的學歷，但意識形態的差異在他們之間劈開了一道深淵。大衛描述自己是「同性戀、反戰、擁護墮胎權的自由派」，而他父親則「支持小政府主張，崇拜裝模作樣的主戰派塔克．卡森（Tucker Carlson）[8]，還半公開地支持種族主義」。雖然他們吵得很激烈、很頻繁，且吵到兩人遍體鱗傷，大衛還是很肯定他父親的非凡才智，也不懷疑他們都很在乎彼此。「多年來，我不得不忍受他瘋狂的群組信件，看他不斷唬爛一些莫須有的事，講什麼卑鄙的左派輕視國家完整性，」他告訴我，「我很震驚，一個那麼聰明的人怎會如此容易受政治宣傳的影響，明明是天不怕地不怕的一個人，卻完全被訴諸恐懼的政治宣傳控制了思想。」

8 塔克．卡森是保守派的政治評論員與談話節目主持人。

他說「我不得不忍受……」，我有些詫異。在我看來，這番用詞顯示出，他認為必須容忍父親討人厭的長篇大論，讀完後還要給予諸多「曉之以理」的回覆，但他也坦承，自己從十四歲就和父親觀點相左，兩人立場的差異從那時開始就越來越大。「我想不到他這麼蠻橫，」他說，「他說話有時很傷人，也很會辯解，就算錯了也會拗成對的。」即便如此，大衛依然很渴望父親能接受他的想法，於是他就像被困在競技場上，面對一個永遠不會服輸也打不贏的對手。

在我訪談的人們之中，大衛最清楚了解這些無盡的政治爭吵代表的真正意義為何。「我們其實是藉著吵政治來抒發那些不能討論的問題，像是曾經惹惱對方或是達不到對方的標準。我們對彼此的評價並沒有完全公正合理，但從不直接講出來，」他承認，「我才不信那些吵架的細節真的有那麼重要。」他意識到這點，但不足以抵銷他想與父親決鬥的衝動，他還說，父親「在外頭也很會引戰」，許多深受父母所困的孩子也向我說過相同觀點。

他記憶裡最嚴重的一次爭執（雖然細節他早就忘了，就如同許多案例），馬歇爾先生氣得「臉都紅了」，父子兩人「互相酸來酸去」，但後來，大衛說：「他主動來找我講話，然後我們就和好了。雖然恨透了彼此嘴裡吐出的那些蠢話，但我們的關係不僅於此。我從沒有覺得被爸爸背叛，這也是為什麼我們還能保持關係。我們還在嘗試，看看能不能接受彼此的論調。讓相反立場的人表達他們的觀點，才是有道德的作為。我不能無視父親及與他持相同觀點的幾百萬人。」有這種想法很好，但不代表需要酸他，或是要找他吵贏不了的架，還吵得沒完沒了。

無論子女之前的經驗如何，父親若是個很有想法的人，會使他們誤以為他能接受自己不同的觀點。「我曾希望可以說服他，民主黨有資格執政，我以為曉之以理，他明白了就會改觀，」大衛解釋。但他的希望一次次被粉碎：「他激怒我，寄給我那些群組郵件，他就是忍不住要這樣做。我有種感覺，他就是想吵架。」我則有種感覺，這位父親也誤以為自己能讓兒子大徹大悟，認同自己的觀點非常有憑有理。

大衛為了理解與父親的關係，認真地付出了許多心力，但他還沒處理最根本的問題：是什麼迫使他讀那些惱人的信件？「你為什麼不跟他說『別再寄這種信給我了』。」我問他。他給了我一個真心又酸楚的最終答案：「那他就贏了。」我委婉地說，他必須重新看待他們的關係，並改變目標。我說：「你要知道，你一輩子都無法改變他，你永遠不會贏。」「看來，我一直放不下，是覺得有一天搞不好我就做到了。」「你無能為力，而且你也沒必要做到。」我說。

大衛開始領會我的意思，顯示自己沒有像父親一樣思想封閉，也沒有打算像他一樣固執己見：「我現在知道，比起他怎麼想，我怎麼想更重要，這真是一種解脫。」「這樣想會減輕你心中的負擔。」我告訴他。「我懂了。明白自己做得到和做不到的事，心態才會健康。一直陷在我的執念裡面真的太荒唐，現在一切清楚多了。」

雖然他和克里斯多夫．德瑞克在政治光譜的兩端，卻得到了相同的啟示。

㊀

無論是在情感上、學術上，或意識形態上，麥克．瓊斯從來沒融入過家庭——永遠也不想要。他小時候就飽受憂鬱症之苦，大學又輟學，但不是因為能力不足才沒念完。他是位市級公務員，過去曾服兵役派駐伊拉克長達七年。三十歲的麥克深受父母所傷，特別是他父親，不僅不認同他的從軍經歷，也不尊重他認真看待的政治理念，那正是全家最沒共識的議題。「我不斷嘗試與他們溝通，但一點用都沒有，」他告訴我，

「我從不覺得他們能理解我。當我試著解釋自己的觀念如何、從何而來時，他們還能接受，說蠻有道理的。但隔天又把他們那套理論搬出來，覺得很生氣，為何我不接受他們的政治觀點，然後繼續忽視我提出的事實與看法。」

對於觀點分歧的父子而言，這是常見的狀況，父親是比較愛吵架，兒子則持反對立場。麥克父親曾是雷根的支持者，後來轉為支持民主黨的政治理念；麥克早年原本認同另類右派（Alt-right）[9]，現在依然支持美國步槍協會（National Rifle Association）[10]，並成為超忠誠的反川普自由意志派）。然而讓麥克很痛苦的是，他敬畏自己的父母，稱他們是「我見過最聰明的兩個人」，但父母卻否定他。「他們都有政治學學位，」他說，「我爸是世上最努力、最聰明、最值得尊敬的人之一。我無法忍受他如此強烈地否定我，使我感到困窘無助。」

這不是麥克第一次感受到自己與家人不同調，況且現在除了他之外，家裡所有人

9 編註：比起傳統保守的共和黨，另類右派更偏向種族主義、反對主流價值，支持者多在網路串連活動。

10 編註：美國步槍協會為勢力龐大的政治社團，極力反對槍枝管制法案。

都是進步派，但他的保守派認同卻引起他們誇張的反應。尤其是他父親，對麥克的態度彷彿就像登報斷絕父子關係一樣。「我們之間的摩擦很嚴重；他動不動就把我歸類成川普支持者，但我不管投誰都不會投川普。我們來來回回激烈地吵了幾次槍枝管制的問題之後，他就刪我臉書好友了。我小時候從沒有和他大吼大叫地吵過，現在我們卻會這樣大吵，感覺糟透了。」

事實上，麥克成年後捲入的家庭大戰，是從他童年的家庭衝突直接衍生出來的；手足競爭及父親的否定，從過去到現在從沒消失。他的弟弟在學校表現優良，政治理念又與父母相同。他父親不容許兒子的性情或處事之道與自己不同，因此從小就偏愛他的弟弟，到現在依然如此。在他父親看來，和自己信念不同的人不可能是好人，因此他不認為麥克「對他人苦難有同理心」，當然麥克無法忍受這種評價。「他們都用刻板印象看待我，根本不在乎我這個人以及我的想法。」他講這段話時，悲傷多於憤怒。麥克因堅持自己的觀點而再次被家人屏除在外，童年不被父親接受的創傷回憶又浮現出來，傷口越來越深。他逃避不了被家人放逐的命運，也無法放棄自己的理念，那是他的人格中不可或缺的部分，他很重視也引以為傲。

麥克多次嘗試告訴瓊斯先生自己的感受，但後者被意識形態蒙蔽了雙眼、摀住了雙耳，無法了解兒子多熱切地盼望父親能接受他、稱讚他是值得欽佩的人，因為對瓊斯先生來說，只有左派的人才值得欽佩。麥克相信自己這輩子註定要被當成沒品德、智力低下的人。他只會用爭論的方法表達自己的主張，雖然明白那樣沒有用。就算知道自己與父親吵的事情，「爸也和祖父也吵過」，麥克也沒有得到安慰。由此證明，麥克與父親不和，除了反映出父親自己的父子問題，其實和麥克本人沒什麼關係。

我對麥克心中的失落與渴望頗有感觸，雖然他的看法與我相差甚遠，卻自有其合理之處。但他的親人卻無法同理他的感受，面對彼此立場的重大分歧，也只是殘忍地置之不理。我試著向他解釋，他和父親爭執的議題不是真正的關鍵，那只是內在深層問題的顯性內容，而有些問題甚至在麥克出生前就存在。我說：「在你與他之間，政治就是一條死路，你必須先有這個認知。還有，你們之間是情感衝突，而不是鬥智角力。」

麥克和其他與我訪談過的成年子女不同，他很清楚自己怎麼吵也不會贏，但放手又不甘心，不得不跳下去繼續吵。「我很清楚永遠不該參與政治討論，但還是會這樣做。當然我知道，是自己放不下。」他能有此洞見，證明他的智力及心理素質完全不低。

我問他，放手意味著什麼？他回答：「不肯放手，理由有好有壞，說好聽一點，是必須捍衛自己的信念；說難聽一點，就是不肯認輸的執念。如果我能爭贏，講出犀利的正確論點，就覺得自己能與他們抗衡，改變他們的觀點或對我的看法。」我接著說：「你讓父母失望了，但不是你自己的錯，而且你對此也無能為力。當你接受這個事實，你們的關係才會出現轉捩點。」只有道破真相才能給他自由。

麥克用了一個隱喻比擬他和父親的關係，讓我驚喜又摸不著頭緒，但蠻有說服力的。一九八三年上映的電影《戰爭遊戲》（WarGames）使麥克聯想起從軍時的經歷。他引用這部電影作為鮮明的隱喻，形容他面對強大、聰明、難以接近的父親時所陷入的窘境：「一個功課很爛卻是電腦奇才的學生駭進美國國防部的作業系統，不經意對國防部的超級電腦下了發射飛彈的指令。他以為他玩的是複雜的電腦遊戲，但其實是真實世界的核武大戰。為了阻止電腦發射飛彈，他只能不斷和超級電腦玩圈圈叉叉，直到他的對手超級電腦[11]意識到，如果兩位玩家技術相當，那就不會有贏家，永遠都是平局，唯一的獲勝方法就是不要玩。所以說，我若是無法說服爸媽，讓他們相信我的信念都是立意良善，又怎麼能說服世界上任何一個人？」我贊成他的看法：「通常反而是父母最無法理解真實的我們，因為他們有太多先入為主的看法。你可以主動拒絕參與爭執，像電影裡那個孩子一樣『阻止戰爭』，並把心力放在他們真的可以改變的地方，那就能看到成果，並且讓自己鬆一口氣。」麥克明白我的意思：「這是一個機會，希望能改善我與爸媽的關係。現在我懼怕和他們一起看新聞，因為如果聽到他們的評論，我就不得不回應。我們父子其實有其他相同的興趣。」

也許，當他終於放棄「玩戰爭遊戲」的時候，就可以找到與家人真正的共識了。

鮑伯．法蘭克林是一位二十三歲的保險業務員。他很擔憂自己的父親，且他的擔憂完全有理。鮑伯一生都很景仰的父親變成了他幾乎認不得的人——有暴力傾向、時常暴怒、不明事理、喜怒無常，並飽受重病之苦。鮑伯拼命地尋求建議，想知道該如

11 譯註：在電影中，這臺超級電腦有人工智慧及學習能力。

何面對父親惱人的改變。「有時候我們討論新聞時事，但越講越生氣，吵到我媽和老婆跑過來勸架，」他告訴我，「有些爭執還挺滑稽的，但我也是真的很擔心他的心理健康。」

不出所料，政治只是他們爭執的冰山一角，而且總是由父親先發難；鮑伯是個自由派，法蘭克林先生卻從一開始就挺川普，並且「強力懷疑氣候變遷的說法」。父親不相信全球氣候在轉變，這點尤其令鮑伯痛心，因為小時候是由父親帶領他進入科學的世界，還買了令他驚奇太陽系相關叢書。「他已經失控了，」鮑伯向我描述道，聲音透露出悲傷，「在五十六歲那年，他開始隨身帶槍以防恐攻，還對老婆兒子大吼大叫。」他一年到頭都對這個世界充滿憤怒。

鮑伯將父親一些性情改變的地方歸咎於嚴重的健康問題，包含癌症以及經歷過大型心臟手術，父親因此變成了「不同的人，總是自己在聽煽動仇恨的廣播節目」。在我看來，鮑伯的父親似乎是因為覺得自己掌控不了人生中任何一件事，因此變得偏執、憤怒並且極度恐懼。

法蘭克林先生的冷靜及智慧曾是他兒子重要的楷模。「他以前喜歡挖掘事實，」

鮑伯說，所以他很震驚於父親的轉變，「現在我們如果辯論一件事，他根本什麼都聽不進去，抗拒事實。我不想認為他是無知的人。」「這聽起來不像無知，」我說，「反而像是他很害怕又生氣。他覺得人生越來越難捉摸，緊抓著自己的政治觀點可以讓他找回一點掌控感。」在我解釋後，鮑伯確認了他原本就知道卻不敢承認的事。他贊同地說：「我有意識到這點，但因為我愛他，我不想看到他這樣。」

矛盾的是，心中對父親的擔憂與恐懼得到證實，卻讓鮑伯如釋重負，也因此知道接下來該怎麼處理：「我知道了，我一直把他越推越遠。我沒有把他從洞穴裡拉出來，反而踢了他一腳，讓他害怕地躲進更深的地方。他死抓著政治不放，他的人生滿是政治，幾乎什麼事都要扯上政治，然後在家就會對家人發火，尖酸地大肆批評。你的建議是，我應該面對真實狀況，他可能是有偏執傾向或是出現阿茲海默症的症狀，我之前卻一直以為政治是起因。」「正好相反，」我說，「談政治是個徵狀，呈現他的心理狀況，同時也是他的庇護所，當他感到一切不再有任何道理可循，談政治是個方法，以解釋自己的感受。」

鮑伯提出了一個父親偏執的例子，既悲傷又令人生氣，而且無從避免：「我去年聖誕節送他一片 Xbox 遊戲光碟，因為他喜歡打電動。那個遊戲和坦克車有關，但他從頭到尾就只說：『歐巴馬在伊拉克留下了坦克車。』——他指的是ＩＳＩＳ曾奪取美國的軍事裝備。但遊戲的背景是第二次世界大戰。當我指出事實、否決他的論點，他就發飆了。」

為什麼鮑伯就算明知父親的世界觀牢不可破，依然要執意與他爭辯呢？因為他不願意面對現實的悲劇，又承襲父親的牛脾氣，所以就算知道該怎麼做，鮑伯也不照做。「我不想看到他變得這麼奇怪。」他說，「可能一部分是因為我的牛脾氣，我爸遺傳給我的。甚至他早年總是會說『不，不，不』。」我問他：「如果你接受了他真實的情況，你有什麼感受？」他的回答簡短卻令人鼻酸：「心碎。」

鮑伯的父親聽起來有嚴重的憂鬱症及偏執症，或許也有認知障礙。「他提出的觀點是由他的心理及生理狀態造成的徵狀，而非造成他轉變的原因。」我告訴鮑伯。

「你讓我了解，我與他不是相互敵對，」他說，「事實上，我們都想要對方接受自己，九成是因為他，一成是因為我，才會形成現在的情況。其實我該負的責任比我之前想的更多。」從他的聲音能聽出來，即使要面對沮喪的現實，至少已放下了心中的大石。

鮑伯的自我揭露帶來了我與他都沒想過的可能結果。在我們訪談後幾個月，我寫信問他後續情況如何，我很高興能收到他的回覆，內容如下：

> 我要很高興地告訴你，我爸開始願意傾聽家人的話，也開始了抗憂鬱的療程。他的狀況改善非常多，好像我以前的老爸回來了。他還是持保守派立場，但現在比較能接受其他人的觀點。他不再聽煽動仇恨的廣播節目，甚至也重新審視氣候變遷危機。

鮑伯這個兒子是有能力將他父親拉出洞穴的。

㊉

讓人驚訝的是，這三位青年男性都敬重他們不完美卻了不起的父親，都迫切希望父親能看見他們、聽見他們，並接受真實的他們。

不管父親的態度如何，他們都依然景仰自己的父親（且都有充分的理由這麼做）。這三個人必須了解，「討論」政治必然會變質為爭執，除了傷害感情，有時身體也會受傷，唯有避免討論，不管父親如何挑釁、內心有什麼糾結，才能維持真摯的關係。這三位青年現在已明白這點，順利地往正確的方向邁進。

母親vs.女兒

母女之間因政治立場吵架有個特點不同於其他的親子爭執。這個特點至少在自願討論政治的母女身上能看到，那就是攻擊性的情緒不會爆發出來，並且會被迅速地隱藏起來。母女之間若有意識形態分歧，吵起來也其他家人之間一樣激烈，但引起的焦慮感卻更嚴重，因為母女更擔憂分歧會破壞彼此的親密關係，或是喪失對方的喜愛與重視。母女雙方時常表明，自己實在無法理解對方的政治立場。有位憤怒的母親說：「我們可沒這樣教過她。」有位不知所措的女兒則說：「除了政治之外，我們很親密。」母女間會放棄討論任何議題，或不再表達互動時的感受。相較之下，兒子則傾向不屈不撓地嘗試與固執己見的父母溝通，甚至不斷地起正面爭執。當兩位女性意見不合，就都不想直接提起任何引起對方憤怒的話題，幾乎可說是逃避衝突，這是一般女性會有的典型反應。

女性間持有不同觀點時，雖然很少大吼大叫，卻透過很多舉動隱約向對方施加精神壓力，像是翻白眼、脫口而出的批評、不贊同的眼神。這些細微的言行依然清楚地表達了否定的意思。也有很多女性採取被動攻擊的行為：有一位右派的女兒為了拓展進步派母親的世界觀，幫她訂閱了《華爾街日報》，但她母親表示，根本不想照它的立場改變觀點。女兒說服自己，這是母親向她討的「禮物」。但從這位女兒敘述的對話中，我覺得她母親只是避免關係變緊張，才順著她的意。當她之後請女兒不要再續訂，女兒卻認為這是對她個人的侮辱。在我看來，這兩個人都在對彼此發出無聲的尖叫訊號，但雙方都不敢接收。

女性往往會草草結束威脅到彼此關係的話題，永不再提起。但她們還是耿耿於懷，內心也可能被劃下深深的傷。

五十四歲的翠西・梅爾是位理財規劃顧問，單身。翠西與她的母親關係十分親密。「我不管遇到什麼問題，第一個找的人就是她，」她說，「我們很相像，兩個人都很外向、熱愛生活。」這對母女有非常多共通點（包含逃避衝突），並且是「彼此最好的朋友，除了談到政治的時候」。

當我和翠西討論到她們母女的政治理念，翠西的語調明顯改變了。「我是保守派的，我會大量閱讀政治類的相關文章；針對同一個議題，我得讀好幾篇文章，才有辦法真的了解這件事。我沒有投給川普，但現在完全支持他。我媽住在大學城，她只看國家廣播公司和地方自由派媒體的新聞。我只要看一眼她的臉書動態消息，就會火冒三丈。不是說她相信或是同意上面看到的所有東西，問題是在她接觸到的資訊，那些對她的影響極大，讓她以為仇恨總統或是咒他去死是很正常的，或以為那是主流意識。」

讓我驚訝的是，她會自找麻煩地「看一眼」把自己氣炸的網頁，尤其是，她已經事先知道會看到什麼了。通常，人們這麼做是為了要鞏固或是正當化自己支持的觀點。

她自己偷偷發火，每次偷看一眼母親的臉書就會生氣，因為那再次證明了，在某件她非常重視的事情上，她與母親依然有很深的歧見，但卻永遠無法提出來討論。

翠西苦惱的不只是梅爾女士的政治觀點，還有她不願意理解女兒的不同立場。翠西至今還記得，在歐巴馬執政期間，有次母親和她吵政治，大肆批判一番，讓她至今都不敢再和母親談這類話題。「她喝了幾杯紅酒後，對我說：『你總是強硬地逼別人接受你的觀點。』我不想被看作是一個總是發脾氣、找人吵架的人。我媽做出那樣的反應後，我就很害怕再發表任何意見。她的批評傷我太深，我實在不想談，所以我們就都假裝什麼都沒發生過。」

那次爭執之後，翠西的父親勸她，和媽媽討論政治時要「再溫和一點」，她覺得自己有聽父親的勸。「我爸的建議使我改變與媽媽談政治的方式，我變得溫和多了。但她從不肯敞開心胸聽我說話。我很高興我有自己的政治理念，這對我來說很重要，是我個人的一部分，我希望她能接受。我不是想要她同意我的觀點，而只是想要被傾聽、被尊重。就算我拿出的文章比她看過的都還要有說服力，她也絕不承認自己收到的資訊有誤。」

翠西這個新方法註定失敗。她委婉地說自己是「拿」給母親看，但其實是硬塞，這證明她根本不像自己所聲稱的那樣，只希望母親能理解她的立場。相反地，她想要讓母親豁然開悟，承認自己的無知，並且認同「真理」。翠西沒有意識到自己真正的意圖，因此造成了她們母女之間大部分的衝突。她愛母親，也從母親身上得到自己所需。如果翠西能承認自己的真正目的，並停止挑釁的行為，那彼此就能溝通得更順暢，即使沒有完成她所有願望。翠西不可能改變母親的想法，但應該可以得到她的關注及尊重，而那才是真正對她有幫助的目標。

在我所訪談過的母女當中，每一對的攻擊方都是女兒，即使挑戰的態度不明顯，當事人也不承認自己有侵略性[12]。母親往往都會哀嘆自己的女兒走偏了，但不會試圖費盡心力或急切地導正她們。每位和母親爭執不休的女兒都告訴我，她們所想要的就只是被理解，但實際行為（主動拿文章給媽媽讀；主動幫媽媽訂刊物；不斷「盧」媽媽改變觀點）卻顯示，她們真正想要的是母親的贊同，說她們是正確的，並承認自己是錯的。她們全都相信，只有百分之百的共識才是真的得到母親的尊重及理解。這些女兒尋求母女意見一致、想法相同，當她們求而不得，就會焦慮，有時甚至會攻擊母親，彷彿她們唯一能在母愛中找到安全感的方式，就是在母親的政治觀點上看到自己的影子。現代社會中，女兒常有某些堅定信念，會對許多親密關係造成負面影響。

顯而易見，翠西不希望我與她的母親進行訪談，因為她說「我媽可能不知道我有多不爽她」，但我很確定，梅爾女士知道，而且和女兒一樣極力避免正面爭執。很熟悉彼此的人都會很了解對方的表情、肢體動作，以及講話音調所傳達的意思，好比這對母女。要壓抑的激烈情緒，沒有透過非語言的訊息傳達給對方，是在自欺欺人，事實上這些情緒只是比較難察覺或處理。翠西也抱怨她母親：「從來不告訴我她的想法。」但這不代表梅爾女士沒有用其他方式表達自己的意思。這位母親就與她的女兒一樣害怕爭執，一樣感覺身陷窘境。

翠西因為害怕影響到母女關係，總是避免向母親提起敏感議題，而且也不只有政治。母親的酗酒問題讓她很煩惱，她稍微提到，在歐巴馬執政期間兩人吵架時就有這

12 作者註：並非每一對政治對立的母女都是如此。但我相信比起正面衝突，她們傾向避免爭執或是採取被動攻擊。

問題。她自己也有過相同經歷，但已經戒酒多年，即使如此，她還是從來不敢與母親討論這個問題。

翠西從來沒成功改變母親的思維，但假如她不再強人所難，只是單純陳述自己的看法，而非別有用心，母親或許就會認真聆聽。我告訴她，我相信彼此有真實的善意，母親就願意傾聽，但她必須先勇敢說出來。

在訪談之後，翠西寄給我一封振奮人心的電子郵件：

和我媽坦白這些事情後有正面效果。我可以向她提出自己的看法。我不需要她同意，只想要她傾聽。我只想要她知道，我正當合理地持有自己的觀點，這就是我。我想要她告訴我：「妳可以與我不同，我還是覺得妳很棒。」是妳讓我想通了。我開始更有勇氣和她討論事情了。

處理家庭中彼此避而不談的政治問題，為她們的關係所帶來的益處，遠比選舉投票來得多太多了。

浪「父」回頭

六十歲的賽斯・坎特是一個網站的新聞寫手兼編輯，那個網站支持並宣傳保守派思想，頗具影響力。賽斯樂於發表自己的政治觀點，但他人生中重要的人都不同意也不欣賞他這麼做。幾年來，許多自由派的朋友、同事，及家人都疏遠他了，不僅是因為他說的話，也是因為他表達的方式。沒有人懷疑他的口才、對事實的掌握，或是有條有理的論點，但是他也很執拗、好戰且咄咄逼人。身邊沒一個人倖免，他不管和誰都要談政治。

多年來，賽斯視自己為四面楚歌的保守派擁護者，懷著滿腔熱血，有責任要說明、捍衛他支持的政治理念。他認為自己的職務不只是要透過網站傳播保守派思想，更是要成為保守思想的代言人。可想而知，這種使命感讓他與不想吵政治的人或是政治立場不同的人都起了爭執。他覺得自己有必要將自己的論點建構得越有力越好，但這種表達風格在電視、網路上或許有效，但朋友及家人卻很難接受。

隨著近幾年政治論述變得越來越有煽動性，許多賽斯認識幾十年的左傾老友都突然對賽斯開砲。有些人指控他選了一個他們痛恨的總統，而且他的網站上還有川粉論壇，還大肆宣傳（但賽斯自己並非川粉）。

從高中就很好的幾位朋友突然間都不再和他說話了，賽斯對此感到崩潰。「三、四個老友跟我絕交，到現在我還是很痛苦；過往的經歷以及團體歸屬感對我來說很重要。我有一個很自由派的好友，四十年的交情了，他也在躲我。我真的很想挽救這段友情，我一直想聯絡他，但感覺他還沒準備好。」賽斯遲遲不找生氣的老友和好，另一個原因是對方可能不願意，賽斯不想冒著再次起衝突及被拒絕的風險，到時可能就再也無法挽回了。因為自己堅信並捍衛的思想，友人離他而去，留下他孤單一人。「我發現比起朋友離世，失去朋友更讓我痛心。」賽斯說。

賽斯將自己被朋友拒之門外的理由歸咎於政治對立激化，尤其是川普當選後，大家越來越難包容相反立場。「川普就是個麻煩製造者，他的所有事都在考驗大家的道德感。」他說。賽斯認識的許多自由派、進步派人士都將他歸類在道德錯誤的一方。被重視的人疏遠，他深感苦惱（他自己從沒有因意識形態就與他人斷絕關係），卻覺得無能為力。

賽斯失去越來越多朋友，家庭關係對他來說變得比以前更重要了。所以，當他意識到自己的政治宣言以及發表方式已經使自由派的大女兒疏遠自己，父女關係岌岌可危，便感到非常沮喪。

多年來賽斯感覺到大女兒與他越來越對立，現在更是刻意避免聯絡，或是每次見面都會做出憤怒、挖苦的評論。「討論政治的時候，我覺得很難堪，」他說，「當她挑戰我的觀點，我總是想要充分反駁與辯解，試著解釋一切。」這位父親以為他們是在進行對話，但女兒卻覺得自己被訓斥了一頓。她認為他想要改變她的立場，或推翻她的觀點，但她需要父親去接受，即使兩人立場不同但她的觀點也是正當合理的。不限於政治領域，每個人都普遍有這種期望。

她對他的態度及思想都很反感。「我看得出來，我的脾氣讓她苦惱，」他說，「不是因為她做了什麼，而是我回應的方式，才造成關係的裂痕。當時自由派對保守派的猛攻越來越激烈，我有責說明並且捍衛右翼的思想。」不管在家裡還是外頭，他都徹底扮演著保守派守護者的角色。

最終，他承認自己造成的傷害，並為他自己好鬥與固執己見的舉止負起責任（許多父母都有這樣的行為，卻很少會承認）。但他該怎麼做？他一心想彌補與女兒的裂痕，又感覺很無助，害怕關係更惡化，毀了他的餘生。他知道，為了挽救父女的關係，就算要改變自己、剔除個性中似乎不可或缺的部分，也一定得做到。否則最終父女關係就會走到危險的境地。

他開始付諸行動。面對朋友時，守護自我或許是件合理的事，但面對自己的孩子，卻完全沒有必要。他得嘗試任何必要的方法修補他造成的情感傷害——他下定決心，絕對不再和女兒談政治。

賽斯描述自己轉變的關鍵時刻：「她試圖要和我討論政治，但當她想說服我尊重她的立場，我就開始反駁她，替自己辯解。」他意識到，自己無意間將辯贏的渴望延伸到女兒身上，於是他當下決定：「絕對不讓任何事物介入我們的父女感情。我可能會失去她，被排除在她的人生之外。她需要知道，比起我們不同的政治立場，更重要的是我們之間的關係。我只能透過行動讓她了解，而非言語。」

他們最後一次爭吵出現了意料之外的轉折。「我們本來是在討論，但火藥味越來越重；我無法控制自己的反應，聽到自己的聲音越來越大，我對自己講出口的話感到異常陌生。我實在受不了了。接著她說『拜託你停下來』。然後她走回房間。我跟著她進去，坐下來，然後開始說話，但沒有繼續原本的爭執，而是說『我很害怕快要失去妳了』，然後我就開始哭了。」以一個總看似自持的男人而言，這是賽斯說出過最觸動心弦、最苦澀，及最能引起共鳴的話，而這番話改變了一切。

㊉

從那之後已經過了好幾個月。賽斯一直遵照自己的承諾，所以他和女兒及她的新家庭感情越來越好。他的態度有了一百八十度大轉變，而且不只是在政治方面：「我不覺得她要常打電話來，我了解應該給她空間，而不是緊迫盯人。政治不再那麼重要了，我還寧願聊別的事。」

他沒料到，將政治降到心中次要位置會改變他的人生；他因此變得更像他自己了。「我讓自己脫離原本的處境了。我了解到要當一個常年代言人的壓力有多大，現在脫身了才知道，長久以來造成的傷害有多大。我不要再扮演那種角色了。」賽斯沒有成為堅定的「信仰擁護者」，但變成了一個更好的父親，也變成了更有同情心、更快樂的人。

第四章

家庭內戰（II）

手足vs.手足

手足之爭歷史第二悠久的家庭戰爭，且比起親子間的衝突，激烈程度只差那麼一點，而政治是兄弟姊妹之間最常見的爭吵話題，可說是僅次於年邁父母的長照及遺產分配的公平問題。在手足之間，政治爭執是一個方便的途徑，讓他們表露出所有彼此間長年未解決的問題，只是他們常常搞不清楚自己究竟是為什麼而吵。這些爭執可能超級激烈，造成無法修補的隔閡，而且從來就不是客觀地爭論總統如何、國情如何，或是誰有正確的世界觀。自古以來就存在的手足較勁、競爭、嫉妒以及父母的偏心才是表面下的真正議題，就算已經浮出表面還是會被忽略。

手足間的政治爭執有個巧妙功能，便是能將沒有處理完的家庭問題從父母身上轉移到同輩身上。自該隱與亞伯之後，反反覆覆的手足戰爭就一直糾纏家庭生活，政治爭執恰好給了成年的兄弟姊妹們一次機會，再打一次贏不了的消耗戰。然而，若是兄弟姊妹們能相互理解，有意識地處理彼此之間的政治爭執，那麼這些爭執便提供了其他可能性，或許能解決許多關係中存在已久的議題，或乾脆有意識地把那些議題放到一旁，不再理會。因為兄弟姊妹常是世上僅存的親人，也是唯一記得自己童年的人，所以這件事迫切又緊要。

白人菁英vs.白人菁英

五歲的時候，她們有共同的私密語言，即使到了六十五歲，看起來還是很像，但巴特勒姊妹的相似處就僅止於此。

蘿拉．巴特勒身上有著所有標準白人菁英（WASP）[13]應有的特質：敬業的工作態度、滿懷公民意識、情感上非常內斂。她全心全意地擁護右翼思想，並滿心熱情地把票投給川普。蘇珊是蘿拉的雙胞胎姊妹，不僅長得像，意識形態上也有如鏡像般相近，都有同樣根深柢固的公民責任感。蘇珊是個熱情的運動參與者，總是有話直說，強而有力地表達她的情感，但既然出身在傳統的白人家庭，這種性格一定會帶來問題。姊妹長久以來的關係充滿坑坑疤疤，現在加入政治議題，更是沒完沒了。但蘿拉是鐵桿保守派，兩人只好假裝沒有衝突，轉為暗自較勁。

蘿拉表示，一定是因為蘇珊長年在非營利單位工作，才會讓她背離了年輕時堅守的共和派思想，而蘿拉自己則始終如一。「如果你是在大公司工作，像我一樣每天面對網路世界，就會像我一樣變得更客觀，」她如此主張，好像這是全世界都承認的真理。蘿拉對自己的觀點正確性充滿自信，以致她斷定姊妹的判斷力及政治觀點只是被邪惡的外部因素所扭曲。但蘇珊告訴我，她的觀點都是仔細思考後的結果。

蘇珊當然有正當的理由以不一樣的角度看世界，但蘿拉無法接受，因此基本上兩人不可能交流任何政治觀點，或者說，就算有交流，蘿拉也不肯承認自己有偏見，搞得蘇珊很火大。除非她們都使出吃奶的力氣控制自己，不然戰火一觸即發。蘿拉唯一能處理觀點分歧的方式，就是徹底避免、否認並壓抑任何一絲異議，或是小小酸對方一下，然後死不承認。然而，她所流露的情緒及批判，比她自己知道的還多。

這對姊妹住在同一個城鎮，不管是約好還是碰巧遇見，都超常碰面，所以要避免

13 編註：WASP 為 White-Anglo Saxon Protestant 的縮寫，直譯為白人盎格魯—薩克遜新教徒。

衝突實在不容易。蘿拉表示：「我們會避免談政治，談到一個點就不能再講下去了。一旦察覺到有點要吵起來，就馬上停止。例如，她反對川普的移民政策，而我支持，因為我們必須照顧本地人；當我們試著要聊這件事，就開始誰也不讓誰地爭了起來。」她接著強調：「但我們並沒有很生氣，每個人都有資格保有自己的觀點。我會試著從其他人的角度看事情。在大公司，我所受的專業訓練就是解釋問題，也很少告訴別人自己的想法。在我們家，從來不准說『你錯了』。我竭盡全力地不去表達異議，而不想引爆任何爭執。」當我問她，要如何和姊妹討論才能避免釀成爭執，她舉了以下的例子：「有一次，我毫不顧忌地說了實話，她就走掉了，我追上去，用手臂勾住她，然後我說『妳是我的雙胞胎姊妹，就算妳錯了，我還是愛妳』。」這是發自肺腑的一段話，但與她先前說的換位思考最高守則自相矛盾，應該沒什麼人會覺得有和解作用。她似乎沒有意識到自己的態度有多高高在上。

在川普選前及勝選後，在討論政治以及其他政治議題時，蘇珊記得的印象與姊妹不同。蘿拉堅稱「除了川普以外，我們的看法每次都相同」，然而蘇珊卻記得她們「在川普選前就激烈爭執過幾次」，到他選上後，兩個人便越吵越兇。此外，兩人的世界觀也起了衝突。「我們當然有不一樣的看法，」蘇珊強調。「川普當選的時候，我真的很崩潰，但蘿拉和她老公卻很開心。從多方面來看，我都覺得很失望。我們完全不能談這件事，因為一談就變得很激動。」有些人從不說出任何負面看法，總是矢口否認有那樣想，卻又偷偷地表現出來。若想與這種人坦率地討論有爭議的議題，就不是件簡單的事。

蘇珊記得很清楚有次「可怕爭吵」的種種細節，但蘿拉則沒有跟我說。那次吵架是針對移民問題，這是蘇珊個人的地雷：「有個女人要被驅逐出境了，她在我們鎮上住了十八年，她女兒有糖尿病。她的老公工作很認真，也沒犯過任何罪。我費了很多工夫，最後那個女人才能留下來，但她老公卻不能。我向蘿拉和她老公表示，我大力反對川普的移民政策，但他們卻不當一回事，只覺得那是川普的施政目標，他只是在實踐自己選舉承諾。我說『我恨川普』，她說『妳的用詞也太強烈了』。接著我說『如果還有更激烈的詞，我也會用』。她認為我太笨了，還言之鑿鑿說，我就是因為上了一門社會行動主義的課，就變心改挺民主黨。她說『妳沒有在聽我說話』。我說『我有在聽，我只是不同意妳說的』。那時她才曉得，我與她有不同的立場。」

她們這對雙胞胎姊妹，一個人是進步派支持者，總是直話直說，容易激怒他人，另一個人則重視自我克制勝過所有，性格就是她們問題的一部分。蘿拉被蘇珊的政治理念嚇壞了，蘇珊則毫不掩飾地批判蘿拉的自得意滿及優越感。「我在某單位當志工，幫人申請綠卡；而她是一間大學的董事，」蘇珊說，「不能和她與她老公討論政治，我真的很失望，他們是聰明人，但冷酷的態度令我失望。」然而，她還是欣賞他們的一些真誠美德：「蘿拉的老公讓某個親戚住他的公寓，還幫他挽救生意。他如此慷慨，跟他的政治理念天差地遠。」在這樣的狀況下，避開不談往往是唯一有用的方法。

蘿拉不只在政治方面不自知地表達出了負面看法，還告訴我，多年來蘇珊都很在意自己的體重比姊妹重九公斤。蘿拉表示：「當然，我從來沒有提起這件事。」蘇珊也承認，自己總是和姊妹較勁，蘿拉是個「天才型學生」，課業上不需要像自己那麼用功，又比自己瘦九公斤。此外，蘇珊批判蘿拉的觀點受到優渥的生活所影響，因此不夠懂得體恤他人困境。童年時，她們家人太強調要隱藏自己的負面情緒，一般常見的手足之爭因而惡化，到成人後依舊受其影響，面對彼此立場不合的現實問題，既然無法處理也無法接受。

蘇珊講到，她與外甥的討論情況就完全不同，雖然他和母親蘿拉一樣都是堅定的保守派。這再次證明，一個人能不能好好討論爭議性話題，是看他的性格而不是政治傾向。他們兩人都覺得討論時政是開心的事。「他願意傾聽我的看法，」蘇珊說，「即使他不同意，也能明白為什麼我會有自己的觀點。我不想打擊他，所以也會一起談他的不同看法。任何想法我都予以尊重。」當然，對外甥敞開心胸比對雙胞胎姊妹簡單，因為沒有那麼多過往的衝突需要克服。

蘇珊與外甥所找到的溝通方式，是以體諒、尊重及互相傾聽為基礎。若是兩方都覺得自己說的話被聽見了，那麼自戀性傷害（narcissistic injury）、怒氣及怨恨就會減少。這麼一來，兩方會更有可能正視對方的情感與理性需求，而不會把對方當作要擊敗的政治敵人。

即使是長得一模一樣的雙胞胎，也無法保證比起其他手足，彼此更可能有相同的政治立場。蘿拉和蘇珊會爭吵較勁，但在她們的人生中，彼此的連結應該比其他關係都緊密，所以會盡自己最大的力氣去維持。兩人各自都斷定，遠離意識形態爭執才是上上策，雖然這不是蘇珊最喜歡的做法，但為了維持自己人生中極重要的關係，她必須接受現實。「現在我去找她的時候，就聊家人和其他事情，」蘇珊告訴我，「她這個人不知變通。我們避免爭執，但有點費力。我們都成熟了，不會再讓關係變爛，若想要與彼此對話，不能只談自己有興趣的話題。」蘿拉又說：「只要我們感覺到有一點要吵起來了，就馬上停止。先從談論川普政策開始，現在只要對話開始變得激動，我們就會說『換個話題吧』。我不喜歡聊政治。」即使這不是彼此最滿意的結果，她們還是真誠地付出努力，且確實有一定程度的效用。

她們也真的共同努力地維持家中的和諧，聊天話題換成不會引戰的領域，以瓦解兩人之間的劍拔弩張。「她與我都採取了在假日遠離政治的策略，」蘇珊說，「我們會聊『大都會隊的球員如何如何』。」幸好，她們家大部分的人都堅定地支持同一個球隊，至少，棒球方面是如此。

蘇珊還有一個驚人的發現，不管姊妹和她在政治理念上差異多大，蘿拉依然在蘇珊內心世界中占十分重要的位置，她說：「蘿拉總是出現在我的夢裡，因為我們總是黏在一起。通常，她都會和我一起去同個地方。」這個反覆出現的夢境既是她心中希望也反映了現實，但不管怎樣，姊妹倆都知道彼此緊密地連在一起，未來也一直會如此（她們也想要這樣）。在這件事上，兩人想法完全一致。

「我能在他腦中播種就好了」：氣候變遷大戰

三十歲的班・貝克是名攝影師，而三十三歲的吉兒・貝克是名室內攝影師，他們出身於傾向保守共和派的傳統天主教家庭。在家中四個兄弟姊妹中，他們兩人的感情最深厚，多年前班出櫃的時候，吉兒是唯一理解他的人。「那時全家人和朋友出去吃晚餐。我爸媽提到家裡有人是同性戀，那種態度讓我覺得很不舒服。」吉兒告訴我。吉兒七年前從家鄉麻薩諸塞州搬到華盛頓州，政治傾向已從右轉左，與弟弟相差甚遠，但到今日兩人在性格與興趣上依然有頗多共通點。他們彼此都下定決心，不讓政治傾向及思想上的差異左右家人的親密關係，所以面對立場不同的敏感話題如氣候變遷時，便採用一種不太光明的新招數。

吉兒提出了這個計策，雖然班對於成功的可能性沒那麼樂觀，或者說他比較實際，但還是同意了。

吉兒提議，他們應該交換媒體資訊，吸收對立的觀點：她會傳給班一整季的《上週今夜秀》（Last Week Tonight with John Oliver）[14]，班也可以傳一些內容讓吉兒觀賞或閱讀，接著討論彼此的感想。「我告訴他『我會敞開心胸接收你的觀點，只要你告訴我出處為何，有哪些刊物或媒體能準確地反映這類觀點，你覺得我會有共鳴，就盡管傳來』。」吉兒說。她也承認自己背後的動機：「如果我一直提供他新資訊，最後他就會更理解我，久而久之他的觀點就會轉向我這邊。」班不覺得有任何電視或電臺節目精準陳述了他的看法，因此寄給她一本相關的保守派思想書籍——《氣候危機：環保主義時代下的美國》（*A Climate of Crisis: America in the Age of Environmentalism*）。目前他們看過或讀了一些彼此交換的資訊內容，但還沒有進行討論。

班對於這個計劃沒有他姊那麼熱衷。他知道必須投入非常多時間看一些壓根沒興趣看的節目，之前也已經為了這個議題大吵特吵，最後不歡而散，所以他不覺得彼此的看法可能因此改變。然而，他還是願意試試，因為吉兒很重視這個計劃，而他很重視姊姊。

班自認沒有抱持任何幻想。「所有人，包含我姊，都只想改變你的看法，而不是傾聽，」他說，「我知道我無法說服她改觀，也不會嘗試。」但是，他希望自己能有技巧地和她討論，稍微動搖一下她的自由主義立場。「你必須先在一個議題上稍稍妥協，才有助於創造對話空間，讓對方的思想敞開一點。不要激烈反駁，對方會比較願意聽你的看法。」他並不打算藉此機會改變他姊的想法，而是想溫和地向她表達自己的立場。「為表示我的觀點，我寄了那本書給她，」班解釋，「我不會試圖改變她，但我們可以找到能產生共鳴的話題，所以想試看看這方法有沒有效。她提出了這個策略，看來也能帶來正面的結果。如果我依照她的方式做，她也保證會接收我提供的資訊。這個策略能讓我的立場不再等同於當前的右派人士，而能單純地表達觀點，讓她不要一竿子打翻一船人。」

「那你何不直接告訴她自己的想法？」我問。

「她太固執、太敏感了，所以不管你怎麼想，都必須先讓一步，才能展開對話，」

14 編註：《上週今夜秀》主持人約翰・奧利佛（John Oliver）原為喜劇演員，擅長以搞笑與諷刺的手法評論時事。

他大方坦承，這些嘗試都是為了控制局面，但都出於好意。

這對姊弟心中各自的打算，並非完全不切實際。近幾年，吉兒其實在很多議題上改變立場，例如宗教方面（從信神轉為無神論），以及同性婚姻（從反對轉為支持），因此她相信，班也可能像自己一樣改變想法。「自從我搬到西岸，離開老家，就接觸到許多不同的思想，過去幾年來，我的觀點有了巨大的轉變，」她告訴我，「我發現自己以前都只是像鸚鵡一樣重複在家裡聽到的言論，這才開始建立自己的想法。」她希望班的思想也會按照自己的人生軌跡一樣地轉變。

但她的論點中有一處謬誤：她之所以積極找尋不同觀點，滿心接受觀念的轉換，部分是因為要建立自我認同，與家人和其政治理念有所分隔。但班並沒有同樣的需求。吉兒希望班可以像自己一樣，思考不同的觀點，但班仍堅守家裡的政治路線，不會像姊姊一樣不自在。

班和吉兒最後會有共識的機率並不大，但無需因此毀壞彼此的感情。動機不夠單純或是沒有既定目標也沒關係，只要出於善意都算正當動機。

至少他們都沒有不切實際地期望自己有能力說服對方改觀。吉兒描述自己的計劃時表示：「我能在他腦中撒下種子就好了。」而班則告訴我：「我知道自己無法扭轉她的想法，也沒這個打算。」他們都只是想帶給對方小小的影響，而不是和我訪談過的許多人一樣，想將自己的思想強加在對方身上；他們不會互傳電腦投影片，也不會任意塞文章給對方看。雖然對於對方的思想可塑性，他們的樂觀程度不同，但兩人都還是願意與彼此交流。他們背後都有不單純的動機與企圖，但也都尊重對方。

在分別與她們姊弟聊過後，我很清楚，吉兒不管是在感情面還是理智面，都比班投入更多心力、更在乎成果。在自己很重視的事情上改變她弟的心意與想法（就算一小點也行），對吉兒來說意義非凡，這樣的話，她就不會感覺自己在家中孤立無援。她不想一個盟友都沒有，獨自在人生中面對一群思想封閉的保守派。在她饒富哲思的計劃下藏著強烈的心理需求，這樣的狀況很常見，如果她能認清這點，會因此獲得啟迪。

無論結果如何，基於政治議題對話而交換不同立場的媒體資訊，這個策略需要相當大的善意才能推動。對方得為此付出許多，不是每一個手足、配偶或朋友都願意投入這麼多時間及精力。但只要雙方沒有過高的期望，都知道設下停損點，光有嘗試的意願，就足以成為更緊密的盟友。不過，雖然溝通可能會改善，但根深柢固的信念卻不太可能改變，雙方都必須願意接受這樣的結果。

如果他們的計策失敗，或是適得其反地開戰了，合理的做法便是面對現實，宣布停戰，把焦點放在姊弟關係中不會起衝突的部分。萬幸的是，她們的情感遠比政治理念更強。

童年時相親相愛的感情去哪了？

我徵求受訪者，他們與所愛之人為了政治爭執不休。史蒂夫．尼爾森帶著一絲酸楚（幾乎可說是絕望）前來，開頭就說：「我姊和我大吵了一架。我不確定想不想要和她一起揭開瘡疤。」他的回應簡短生硬，在惱怒、逞強的口氣下，藏著他與姊姊希拉親密關係被破壞後留下的廢墟。六十四歲的史蒂夫是位保險精算師，他與姊姊在小時候感情好得不可思議，而現在卻很害怕要失去這段親密的關係了，這都「多虧」了他粗蠻的行為與激昂的右派言論。姊姊大他三歲，政治立場左傾，是位藝術經紀人。他很渴望與姊姊重修舊好，但不知怎麼做，於是感到很悲觀，覺得自己無能為力。他們的關係已經糟糕到唯一的交流只剩偶爾幾封充滿敵意的電子郵件。

史蒂夫口沫橫飛地宣講「讓美國再次偉大」（Make America Great Again）[15]，加深了姊弟之間的隔閡，雖然他們並不是因此失和，史蒂夫惹惱的也不只有這個姊姊。他充滿怒氣的貼文及電子郵件惹怒了哥哥和嫂嫂，他們刪了他臉書好友。史蒂夫也承認：「我以前真的超討厭歐巴馬。」然而，自從二〇一六總統大選開始，他一聊天就只會高談闊論講政治，無法思考也不想聊其他話題。現在與他還有聯繫的就只有姊姊，但是他完全不管對方的意願，就把政治理念強加在她身上，關係於是越弄越僵。「自從我投給川普、一直挺他，她就很少找我講話。」他後悔地說，呈現放棄的狀態。「川普就是一切。」他在意識形態上攻擊姊姊，她受到冒犯後也猛烈回應，兩人曾經相親相愛，但現在只會如此互動。到底是從哪裡開始出錯的呢？還有補救的可能嗎？

我問史蒂夫，既然結果這麼好猜，為什麼要繼續堅持自己討人厭的行為？

「為什麼你要一直對家人發動攻擊？」

15 編註：川普競選總統時的口號，包括卡特、雷根、柯林頓在內好幾位總統也都說過。

「我希望他們了解我的感受，想讓他們知道自己錯得有多離譜。」

「你覺得你能改變你哥或你姊的想法嗎？」

「應該不可能，但我想要他們聽到我的觀點。」

「為什麼你要堅持做一件注定會失敗的事？」

「也許我以為有可能成功溝通。」

「你這麼咄咄逼人，當然他們不會理你，還會防著你。」

「但你必須先把自己的想法攤在陽光下。」

「這樣做的目的是？」

「可能沒什麼目的。我知道像這樣發表一些負面看法，總是會失言，但關心政治是應該的啊。」

「你傳訊息給他們唯一個話題就只能聊川普嗎？」

「我們都活在自己的小同溫層，不是嗎？」

這家人和許多其他家庭一樣，在政治方面重複上演著老掉牙劇情。像是「在對方接受前要持續溝通」、「表達我的感受」、「想要他們聽到這個觀點」以及「坦承講明自己的立場」，從這些講法可以看出，他們兄弟姊妹彼此有許多需求沒被滿足，政治時事只是表達情感的工具，或是合理化這些情感需求。史蒂夫沒發現，其實自己一心想與手足建立深入的連結，也沒察覺自己無能為力而帶來的絕望感。此外，他沒有明瞭到，自己在家中覺得孤單，其實是希望有人聽他說話。他也不明白，自己是出於憤怒才用這樣的方式逼迫家人關注他，結果卻把他們推得更遠。找尋這麼久，他發現右派思想可以當作打擊家人的武器，他說什麼也不會放下的。對於陷入類似家庭困境的人來說，左派思想也有同樣的功用。

哥哥不得不疏遠他，史蒂夫自己也很後悔。我便很想知道，他為何要冒著再失去姊姊的風險繼續做一樣的事情。他解釋說：「我們彼此的生活開始有分歧。」但沒有真的說清楚。他的經濟狀況比她好很多，所以他「內心最深處」感覺她有嫉妒。他是個保守派的天主教徒，而她不遵循傳統又無信仰，有自由派的價值觀，朋友也都是同理念的。他講出最痛（也是最真心）的話是：「她一定認為我在人生道路上走歪了，但我沒有這樣想她。」

我不確定他說的是不是真的，或是只是他內心自我恐懼的投射。他對這件事耿耿於懷很久了。

當我問起他與希拉童年的親密關係，他的語調馬上從原本的憤恨轉為溫柔。

「你欣賞她哪些地方？」我問。他的答案讓我驚訝，也感動了我：「我覺得自己與她有很深的連結。她追求人生的精神層次，重視真實與美。」

在預料之外，他充滿愛與洞察力的回答，令我十分動容，於是我透露了自己人生中的痛苦經驗，希望他能以此為鑑：「如果我自己的弟弟當初說了這樣欣賞我、了解我的話，我一定會覺得他真的懂我。我會願意忽視彼此的政治歧見或其他不合的事情。你應該自己告訴她這些。」

「問題是川普能解決一切問題，」他重複了剛才的話，這句話他不加思索就可以說出來。只要他在攻擊狀態，就不會感受到自己的脆弱。

「但你剛剛才自己推翻這點，那不是真的，」我堅持地說，「你提到姊弟關係時的態度不是這樣。即使覺得有歧見，你還是很珍視這段關係。你可以採取行動，不要讓政治信念破壞了對彼此的愛。」他的真摯打動了我，我相信，如果他表達自己最真實的感受，並控制自己發火的欲望，就能挽救姊弟關係。

對於希拉，史蒂夫最需要做的事情是直接和她溝通。他應該要關上電腦，拿起電話打給她，或是約她見面。他必須說出那些重要的話，不能再打安全牌或刻意無視自己的感受，假裝沒事或解讀錯誤都不能解決問題。

接著史蒂夫開始回憶他們共度的童年時光。「我們成績都很好，」他說，「很小的時候，我們會一起玩一個叫『狗』的遊戲。」（這個遊戲是他們之間的祕密遊戲，他甚至不能和我說明遊戲內容。）「後來，我們會聊彼此的戀情。」

我覺得，在他討人厭、疏遠的表面下，其實很欣賞姊姊，對她有著深摯的情感。他很孤單，想要姊姊的陪伴，但又不知道該怎麼說出內心的希望以及真正的感受。「如果你想要談政治，」我建議他，「開頭先說『雖然我知道你不同意我的看法，我還是想說說。我也想聽聽看你的看法，了解一下』。」

讓我感到樂觀的是，史蒂夫承認爭執是由他開始的。哥哥姊姊疏遠了自己，他看來真心地感到遺憾，尤其是對於希拉。「我製造嚴重的對立，這一切才會發生，」他承認，「我在乎與姊姊的關係，我應該要用不同的態度處理才對。」

畢竟，川普不能解決所有問題。

訪談完幾個月之後，我寫信給史蒂夫，看看他與希拉之間的情況有沒有改善，我得到的回應很簡短，就如他當初前來接受訪談，但語調卻相差頗大：「有的，改善蠻多的。只要遇到政治就不談。」他為了「只要」二字付出了很大的努力，我很高興他做到了。

☮

「我只想要自己能被看見、聽見，能受到肯定，」每個與固執己見的父母有政治衝突的子女都曾向我傷心地表達這樣的想法。這些成年子女時常很激動，不斷嘗試向父母解釋自己的觀點，或想要父母明白並接受自己立場的合理性。兒女都有這種訴求，但都不知道該如何表達，手足間也有會如此的感傷及糾結。當然他們有時並沒有將自己的需求直接說出口，因為知道結果會如何，不想讓父母與自己的關係徹底崩毀。有多少的子女，不分年齡，就算父母的態度很不好，都還是拼命地想讓對方理解自己，或是維持彼此的感情。父母其實也與子女一樣茫然，不知該如何是好。我對此頗有感觸，也很難過。

有一些子女想改變父母的觀點，雖然不會承認自己有此意圖，女兒尤其想改變母親。當然，不管是家人、夫妻，或是朋友之間，改變對方都是不可能的目標。若是能認清這點，我們才有機會嘗試更有用的方法，不再進行別有目的的溝通。

無論子女幾歲，受訪者的父母以及我訪談的父母都希望兒子和女兒能順從、尊重他們，只有一位例外，讓人印象深刻。父母想要在子女身上看到自己的影子，這是很正常的；當父母將子女的歧見視為唱反調，感到惱怒或被背叛，親子問題便會產生。相同的政治立場絕對不是建立世代連結的唯一方式。受訪者們一旦理解這一點，就連年紀與病痛問題也都不足以阻礙連結。

近來，調和政治衝突成為更急迫的問題，但世代間固有的緊張關係及自古以來就存在的手足競爭，使得家人難以達成這個目標。對他們來說，調和立場衝突時常代表最後的努力，至少在一件事情上得到共識與連結感。不過這個目標很難，在許多家庭關係裡都不容易達到。不同立場的手足和親子之間都有一樣的掙扎、渴望，都希望找到能接受的解決方式，卻說不出口。他們不想失去彼此，但又不知道要如何留住對方。意識形態的衝突會蒙蔽人們的雙眼，讓他們看不到彼此間有其他根本的共通點。但只要承認心中的渴望，並讓自己與對方記起關係中美好的部分，就能更順利找到方法包容彼此政治思想的差異。有意願向對方表示善意，許多家庭故事便能展開新的篇章。

第五章

頑固的希望

「改變對方的政治立場」是危險的幻覺

那些最激烈、持續最久且沒完沒了的爭執，會毀了人與人之間相親相愛的關係。之所以會發生那些爭執，都是基於彼此心中的假設，它對每個人都有害，超越黨派、意識形態、性別及年齡。我們有個堅定的信念，一心覺得自己能改變對方的政治觀點，也認為是當務之急。兩派陣營的人們都篤信，只要有說服力又夠堅持，就可以辦到。感情關係會陷進絕望，就是這種強迫心態所造成，百分之九十八的人都有經歷過。[16]「說服對方改變政治觀點」變成舉國上下都在困擾的感情問題。

人們會改變政治及對其他很多事的看法，但永遠不是因為受到強迫。然而，我們還是堅持這個目標，不停、甚至是拼命追求。

16 作者註：參考羅伊・包邁斯特（Roy Baumeister）、莎拉・沃特曼（Sara Wotman）以及阿琳・史蒂威爾（Arlene Stillwell）共同撰寫之〈求而不得的愛：論心碎、憤怒、罪惡感以及羞辱〉（Unrequited Love: On Heartbreak, Anger, Guilt, Scriptlessness, and Humiliation），收錄於一九九三年三月號《性格與社會心理學期刊》（*Journal of Personality and Social Psychology*）第六十四期，頁三七七至三九四。

我們總是禁不住誘惑，幻想擁有能說服對方的超能力？我們的判斷力被蒙蔽，無法容忍另一種政治觀點，迫切地想讓對方轉換立場。尤其在當今的世界，政治立場變成身分認同當中如此重要的部分，以致對大多數人而言，和親密伴侶持不同立場，似乎是一件不堪設想的事。如果所愛的人投給另一個候選人，我們就一定得想辦法改變情況，不然就會感覺自己很孤單。明明贏不了，卻不肯放棄，這是人性所致。

我們耗費大量精力投入這場無望的鬧劇，真正的希望[17]被扭曲，無盡的悲傷、憤怒、怨懟及失望通通湧現出來。我們渴望轉化對方意識形態的理性面與感性面，也相信自己能夠、且一定要做到，但永遠無法實現。許多人懷著無法動搖的信念，費心改變他人，卻帶來悲慘的後果。

「為什麼政治重要到我覺得必須賭上我們的感情？」

說服對方轉變政治信仰，這個目標註定失敗。對於三十八歲的教師溫蒂．珍金斯來說，這卻幾乎說得上是她神聖的使命。溫蒂的婆婆是川普的狂粉，而溫蒂的人生任務就是不管付出什麼代價，也要讓婆婆明白她誤入了歧途。即使溫蒂從來沒成功過，且沉痛地意識到，這段自己珍視且知道無可取代的關係已經受損，她仍將這個任務視為指導原則，堅持執行。

自溫蒂與她婆婆相識的二十年來，她是有些不滿婆婆的保守派思想。溫蒂是個堅定的自由派，也是虔誠的貴格會教徒，只是在二〇一六年大選前，她還能克制自己，避談政治話題。溫蒂真心認為，婆婆是了不起的女性；確實，她比溫蒂的媽媽更像個母親、更有愛心，也更樂於付出。溫蒂的婆婆珍金斯女士不只是和溫蒂很親近（她們之間的隔閡只有政治意識），也每天都會照顧孫子孫女，她很愛他們，他們也很愛奶奶，一家和樂。

17 作者註：在精神分析中我們稱為「頑固的希望」（relentless hope）。此一令人產生共鳴之詞源自醫學博士瑪莎．史達克（Martha Stark）的研究著作《頑固的希望：拒絕哀悼》（*Relentless Hope: The Refusal to Grieve*, International Psychotherapy Institute, 2017）。

川普和他的政策讓溫蒂很火大，但「另一個女人」——她婆婆卻都支持。溫蒂對此很震驚，於是執意要改變婆婆的觀點，但是溫蒂的丈夫一點也不支持她，許多朋友也要求她停止、放棄這些行為。「大概沒人覺得我有理，也沒人覺得拿這個問題和她談有什麼益處，」她承認，但並沒有要放棄。表面上，她基於道德考量，覺得必須坦白說出自己的觀點。「我們已經在政治上保持沉默、維持禮貌很久了，不能再忍下去了，」她說，「我已經跟不只一個朋友說過『我需要一個互助會，支持那些依然試圖和家人談政治的人！』」。不過，她口中的「談政治」指的是把自己觀點強加在沒有意願接受的聽眾上。唉，她與那些像她一樣的人真正需要的團體——「政治狂人匿名戒除會」[18]還不存在。否則她會在自介時說：「我是溫蒂，我無法克制自己，總是要勸婆婆改變政治立場。」然後獲得入會資格。

溫蒂的婆婆無論如何都不想為了這件事吵架，她並不想向別人表達自己的政治觀點。媳婦總是找她理論，她只想避開，卻沒有用。溫蒂企圖要改變婆婆的思想，婆婆的態度反而會讓溫蒂受挫，更可能破壞婆媳關係。溫蒂堅稱只是想要「讓婆婆理解」自己的立場，並了解為什麼婆婆會有那些觀點。但從溫蒂痛苦、憤怒的反應可以看出，她的目的遠比她所承認的更有侵略性，更會造成衝突。最後情況失控，溫蒂還在十歲兒子的面前跟婆婆「討論」起來：「我問婆婆，川普選上後，她的感覺如何，然後她說『我感覺平靜多了』。我立刻感覺熱血沸騰，我們談了一個半小時，兒子變得很不安，因為我們越講越大聲，口氣比平常講話衝。所以現在我都用傳訊息的方式和她談，雖然我知道這不是最好的辦法。」

還有一次，溫蒂覺得自己一定要告知「另一個女人」（她婆婆），她姊妹的保費「在川普執政下，飆升到超高」，婆婆回應說：「我不想談這個。」當下溫蒂覺得自己被冒犯了，她沒辦法接受別人說不。「我什麼也沒說，勉強同意她的要求。但我也覺得對她開始沒好感，想疏遠她，」她承認。對溫蒂來說，婆婆珍金斯女士拒絕討論這些議題，有損她的人格，無論她做了哪些好事、對家人多有愛，都無法消除這個汙點。

不管是溝通上的阻礙或關係中的裂縫，溫蒂都受不了。在她心裡，親密感、美

18 編註：作者這個玩笑是模仿「匿名戒酒會」。

德跟相似的政治觀，三者缺一不可。因此，雖然她打從心底欽慕、在情感上及其他方面都依賴婆婆，但與婆婆政治立場不合，讓她感到很痛苦。談到自己的母親，溫蒂坦白承認：「她和我政治立場完全相同，但對我的人生從沒有什麼幫助，但婆婆卻一直都在我身邊，事事關心我。」她又說：「為什麼政治重要到我覺得必須賭上我們的感情？」她得到一絲頓悟。

但溫蒂中了頑固的希望的魔咒。「我覺得她在針對我，那些觀點就是對我的不尊重，」她解釋道。即使溫蒂真的成功說服了婆婆，讓這位年長女性投票給競選州政府職位的民主黨候選人，但她顯然完全沒有放下心中對婆婆的定見。溫蒂只是慘勝了一場，因為她們倆人的政治信念依舊存在明顯的差異。「我以為那次說服她，感覺會好很多，但卻沒有，」她承認，「不管她做什麼，我都覺得還不夠。」

溫蒂唯一能接受的解決辦法就是在政治上同心同德。「這是世界觀的問題，」她說。「川普在破壞我最重視的那些價值。我想給她一個機會，讓我們建立更深的關係。」但對溫蒂而言，建立更深的關係意味著，對方要默默接受她的政治思想大改造。而且她真心認為自己能做得到。她堅定地說：「身邊親近的人都覺得我瘋了，但我不覺得毫無希望；如果每個美國居民都努力去溝通，與投給川普的人取得共識，就可以往前踏出一大步了。」我個人很懷疑，這樣的雄心壯志可不可能成真，每個川普支持者若也都有同樣的企圖，不就會引發聖戰，拿政治理念相互對抗。最後每個人都在原地踏步，精神備受打擊，甚至更加生氣、失望。

溫蒂不能接受，如同第二個媽媽一樣的婆婆，為何在政治方面沒有一致的默契，這代表溫蒂永遠無法擁有心中渴望的完美母親。歸根究底，溫蒂的問題不出在意識形態上，而是在心理狀態上。她無法承受，不管自己做什麼，婆婆都不會跟她立場一致。她心中的「另一個女人」是與她思想完全一樣的人。雖然親生母親與溫蒂的政治立場一致，在情感上卻沒有滿足她。溫蒂沒有克服這種嚴重的失落感，反而創造出完美母親的典範，於是她苦口婆心地說服婆婆，企圖轉變她的政治立場，不惜造成兩人關係的裂痕。最令人難過的是，其實這兩個女人真心地愛著彼此。

沒有人有能力單方面改變另其他人的思想或心意。有些人不想清醒地面對如此事實，所以不斷徒然付出努力，一邊妄想著不可能發生的結果，一邊逃避著真相。

溫蒂的問題明顯體現了頑固的希望有多頑強，也代表美國人民如今陷入的緊張局面。無法哀悼過去經歷的失落，也無法承認自己對他人的掌控力有限，在親密關係與政治議題上不斷惡性循環。在一段得不到對方回應、不可能實現的愛情中，我們總會不斷敲冰求火；同樣地，我們也會徒勞地追求雙方政治立場完美一致。在這種心態驅動下，我們永不會放棄，一定要把觀點強加在不可能說服的對象身上，珍貴的親密關係在這個過程中就會受到傷害。政治歧見會一直存在，這個事實令人難以忍受，於是內心不斷被驅使著要引戰，像是溫蒂與婆婆的那種親密關係，就因此被撕裂了。

在此動力驅使下，我們強迫別人愛自己，或是贊同自己，但兩種目的都註定要失敗，最終造成嚴重的傷害。事實上，比起追求無回應的愛情，接受政治分歧還算實際的目標。就算對方投給另一黨，你們彼此還是能擁有親密關係；就算今天都投給同一個人，也總會在其他重要的事情上意見不合，且你也控制不了。人生無可避免的是，親密關係總會有侷限，彼此在政治或其他重要領域抱持根本不同的觀點，但我們可以與此現實共存。

「頑固的希望」當然是貨真價實的希望，只是被扭曲了。不管我們怎麼努力，那個人都拒絕改變，為了不讓自己感受到失望的痛苦，只好不計代價地堅持這頑固的希望。只要不放棄改造對方的思想，就不用理解這是不可能達成的任務；不用認清自己實際上的影響力多有限，就不用接受沉重打擊。就像單方面要求對方與自己交往，強迫他人改變政治思想也不會成功。

最終問題不在於投給誰或支持哪一派，解決方法也不包括學習必要的辯論技巧、加強論點的說服力，或是改變、扳倒對方的思想。真正的問題是，我們以為，只有每件事情都意見相同，才有可能出現親密感。這類頑固的偏執想法充分顯示出，愛的本質、人際關係的底蘊與不滿，以及希望的本質都被嚴重扭曲了。

在越來越自戀的世界裡，另一個人不過是自身政治思想與感情的延伸，但事實上，只有接受並欣賞彼此不同的地方，才有可能建立真正的親密關係。否則，我們就只是在找自身的投射而已。

無論在戀愛裡還是政治議題上，感到無法要求對方順從自己，或幾乎不可能成功說服對方，都讓人難以忍受。要接受這兩件事，我們必須先接受自己的無能為力、失望以及孤單感。認清親密伴侶與自己根本上的差異後，就必承受如此後果。我們心中的世界模樣，沒有人會完全理解，也沒有人有義務接受，若能打破幻想、面對真相，就會帶來自由。放棄頑固的希望，心中真正的希望便會綻放，彼此展開交流、對話，進而欣賞對方特質。不同政治立場的人在關係中互相重視、相親相愛，真正的希望才能浮現出來。

溫蒂要如何脫離她的困境呢？她得用不同的態度面對自己與婆婆的差異，並放心接受，彼此的立場不會動搖，但關係也不會毀滅。在這樣的案例當中，她需要改變的是如何看待彼此意見不同，她得考量婆婆的價值觀以及個性，理解她的觀點，並且承認兩人的看法不可能每次都一模一樣，因為人生背景並不相同。親密關係中，每個政治立場不同的人都是完全獨立的個體，她婆婆也是。溫蒂猶如救世主般的滿腔熱情已經磨損了她與婆婆之間的信任，只有尊重對方的個體性，才能挽回局面。

包括政治多樣性在內，許多事情都能顯示出，無論是伴侶、親人或朋友，他們都是獨立的人，有自己獨特的思維及情感，就與你自己的屬性一樣堅固且難以動搖。人與人之間的各種相異處會一直存在，若要堅持改變，便將招致災難。幸好，人跟人的思想不可能同步，也沒有這個必要。當你放棄改變對方，懂得欣賞對方的特質，明白親密關係的侷限性，承認造成衝突你也有份，並且欣然接受對方的妥協，你們之間才會有真正的交流。這些事情充滿挑戰，但若能做到，不僅感情能更長久，你們也會越來越欣賞彼此，關係甚至會超越一開始就立場相同的伴侶、親戚、姻親或朋友。

第六章

不再是敵人

停止政治戰的人們所給的建議

常有人預設，在政治立場上有嚴重分歧的伴侶註定走不下去；誰想要一直吵架？誰又想壓抑自己心中強烈的信念？當你唾棄伴侶所深信的理念，愛與同理心又怎會在這種緊張的氛圍中滋長？大多數人都無法想像，和平喜悅可能存在於如此關係中，且彼此總是不會孤單或生氣，或者都不會。

這個預設是錯的。

沒有人必須無條件接受家中政治對立的苦難。許多政治立場相異的伴侶，不願因彼此的嚴重分歧而分開，於是努力拿捏好分寸，自我提醒，確實找出相敬如賓的辦法。這些人通常也是幾經磨難後才找到相處的辦法，就像我與丈夫一樣。整個過程需要努力與善意，但有哪種關係不用付出心力維持呢？

我所訪談的夫妻、情人與密友們，都在差異的意識形態中找到了相處方式，都相信彼此的感情更堅固、更有修復力，因為他們知道如何面對彼此對重大議題的看法不一樣。他們不會質疑彼此共同的基本價值，包括恆久的愛、尊重與相互取悅，就像坐在同一艘船上的好隊友。

他們所經歷的過程顯示出，不同政治立場的伴侶能相處融洽，也應該朝這方向努力。如果彼此都有善意，就能找到辦法，把這個過程延續下去。那道將彼此隔開的裂縫，其實並沒有如他們恐懼的那般危險。

「我愛丈夫勝過愛我的國家」

在二〇一六年的選舉之夜，卡羅斯與南希居住的紐約公寓可不是個甜蜜之家。四十七歲的卡羅斯是位餐廳老闆，四十一歲的南希則是房地產仲介，他們結婚五年，在一起的時間一共八年，在總統大選時各自投給不同的候選人。撇除政治立場，他們的感情超好，對川普意料之外的當選卻有截然不同的反應，差點破壞了夫妻感情。「我當時真的很不爽，」南希回想道，她是個滿腔熱血的自由派女性主義者。她說：「我的反應很激烈，一時風雲變色，那個很像我前同事的沙豬變成總統了。我哭個不停，覺得很不安，很脆弱。卡羅斯說不要再哭了，讓我更加生氣。」

「她哭的時候，我覺得很無助。我感覺應該要安撫她，但做不到，就像我和我媽的狀況一樣。」卡羅斯解釋道：「她覺得我讓那樣一個男人當選，就是背叛她，但我覺得投給川普很合理。我沒辦法投給像希拉蕊那種放任老公為所欲為的女人。這是第一次我投的人選上了，所以會很想為自己辯解。」卡羅斯的解釋坦白又有誠意，且儘管他們對於川普選上的看法不同，卡羅斯還是對南希的感受有同理心，讓南希感覺好了一些。她說：「我知道，當我難過的時候，他也不好受。」但她還是很痛苦。

他們的生長背景大不相同。南西出身自古老家族，一六三〇年祖先就來到美國新英格蘭地區，而卡羅斯則自稱「第一代拉丁裔共和派，可說是稀有動物，據我所知只有一個人」。許多事情南希都以他為傲，也很保護他。她說：「他是我的寶貝，我不想聽到朋友用高高在上的口氣對他講話。他們沒有察覺到自己的優越感，因此永遠無法設身處地，站在他的立場上思考。」但在選舉之夜她卻傷心欲絕，彷彿兩人之間裂出一道她之前未曾發現的感情鴻溝。

那晚所感受到的痛苦與緊張是個警鐘，他們意識到，如果不想辦法處理政治歧見，婚姻就會觸礁。所以他們將問題說開了，而做了讓兩人都比較好過的決定：保持審慎的沉默。

南希說：「關於政治議題，我們大概四成意見相同，剩下意見不合的部分，就不會去談。卡羅斯會想要繼續討論所有事，但我會中止對話，因為這樣子講下去對兩人關係沒有好處。我必須這麼做。我愛丈夫勝過愛我的國家，所以我們得找出方法克服歧見。」

「就那一次，我們聊得很深入，然後發現彼此都很激動，所以就停下來了，」卡羅斯簡短地說，但語氣中依舊有感情，「彼此的愛永遠是最重要的。」

他們之所以能恪守原則、主動避免爭執，是因為即使面對嚴重的意見不合，它們仍十分感激對方的努力。愛是第一順位，政治遠在後面。在悲慘的選舉之夜後，南希更是見證了這件事。大選後不久，南希表示自己隔年一月要去參加華府的女性大遊行，在總統就職後一天上街反川普。雖然卡羅斯投給川普，他依然全心支持南希。「我說要去參加，他表示非常支持，」她說，「還確認我有穿得暖，吃的喝的都有帶著，然後半夜三點送我出門。」

行為才是最重要的，卡羅斯表現得溫柔而真誠。

「我們不再想改變對方的看法」

像丹尼爾與凱倫．施瓦茲這對夫妻如此相像，讓人覺得他們的意識形態也相同。他們結婚六年，一共在一起八年，共同經營二手書生意，並且十分關心時事。兩個人也都是同一個教會的福音派基督徒，將信仰視作人生的基石。但是，他們對信仰的理解大不相同：丹尼爾認為他們的教會太偏向自由派，凱倫卻覺得太過保守。若夫妻雙方都相信政治理念能反映宗教信仰，那麼一旦理念起了衝突，情況就會一發不可收拾。然而，結局卻來個大逆轉。他們一開始懷抱著傳教士般的熱情，想改變對方的思想（可想而知，效果並不好），之後便齊心努力，理解並轉變兩人的互動型態，結果相當成功。

他們剛交往的時候，幾乎在每個難解的議題上，都會激烈地吵起來。一次次的小爭執造成緊繃情緒高漲，最後他們決定，政治話題一概不談。凱倫說：「在一起的前三年，我們每次談新聞時事，都會越講越大聲，想好好教訓對方。現在有時還是會不小心拌嘴，每個禮拜聊一次重大議題，甚至常常一個禮拜會聊個三次以上。」她經常是開啟話題的人，但幸虧共同努力克制，大多數情況下都沒有吵起來。

轉變的因素是什麼？對凱倫而言，除了自我克制與過往的經驗，她也越來越欣賞丈夫的性格，最終他們的重大分歧就不再成問題。「我逐漸明白並相信，他沒有瞧不起別人。我也不再擔心他是不是不在乎他人的苦難。」最後，她學會用不同的方式陳述意見。「我問丹尼爾的問題沒那麼尖銳了，不再以『你怎麼會認同這種事』開頭，而是改說『我在公共廣播電臺聽到保守派不喜歡某政策，你覺得他們提出的評估合理與公平嗎』。我學會先傾聽再表達。現在，在說出『你怎麼會這樣想！』之前，我會克制自己。」凱倫的鬥志以及堅定的信念依舊沒變，但表達方式變得比以前含蓄，也比較不好辯。

雖然像移民這類敏感話題，他們其實還是很難冷靜地談，但態度至少比以前更平靜、成熟了。凱倫將此歸功於他兩人共同的努力。施瓦茲夫婦了解到，語調及態度很重要，而最重要的是放棄頑固的希望。「我們所做出最重大的改變，」如同凱倫所說，「是放下了改變對方的希望，並專注於理解對方。現在我會說『你覺得這有道理嗎』，而不會想『希望找出一篇觀點正確的文章，讓他有所領悟』。」

態度轉變帶來的正面效果，不只發揮在討論政治上，許多立場不同的伴侶都發現有這附帶好處，獲益良多。「我比較不敏感，他也比較不固執了。他以前總是會為了證明自己的論點是對的，拿研究論文給我看，不聽他的，他好像就會生氣，」凱倫說，「現在他知道，我沒有覺得他不關心社會，或是講得天花亂墜。」他們兩個之間終於不再互塞文章。

他們從共同生活中學到，即使對一件事持相反意見，也要互相信任。「我們得先在關係裡變得舒適自在，並尊重對方是一個聰明、正派的人，才能在聽到自己討厭的觀點時，不會想要改變對方。即使對方在某個議題的看法上大錯特錯，自己心裡也會很清楚，他是值得尊重的人。」只要欽佩你的對手，爭執的火藥味自然就不會那麼重。

不再強迫對方改變思想，放棄想在爭執中占上風，這樣態度都很重要。現在就算沒那麼贊同對方的立場，但也不再重要，也不再是威脅兩人關係。就我自己的婚姻經驗來看，這樣相處起來比較自在。

最重要的是有共同價值觀。「我們保有的宗教信仰比政治觀點來得更重要，」凱倫說，「宗教帶給我們政治以外的共通點，但哪個黨派的立場最符合教義，我們的看法還是差蠻多的。」

凱倫對丈夫的欣賞，甚至改變了自己對他政黨的看法。她給予自己的結婚對象高度評價，對保守派的態度也跟著改變（這種事確實很少見）。她告訴我：「一開始，我不覺得自己很有可能和一個保守共和派在一起，有些人甚至無法想像。在我遇到丹尼爾之前，和大家一起罵保守派多壞、多蠢，是增加團體凝聚力的一個方式，但真的和保守派交往後，這種行為就很困擾我。現在只要有人罵保守派全都又壞又蠢，我就會前去辯論一番。」他們夫妻終於在政治方面有一件事完全同意彼此，那就是都反川普，對於任何一個和反川普保守派結婚的自由派來說，有如此的喘息空間很令人開心。

施瓦茲夫婦也發現，說話音量很重要。這個因素比一般人想得還重要，控制音量能避免爭執中敵意快速上升，但這需要自覺。「不管什麼時候，只要我們討論政治，就會越講越大聲，還會打斷對方，」凱倫說，「我聯想到四歲時和弟弟吵架的情況。」人們時常自認為全然理智，卻不完全是真的；探索童年時不理性行為的起源，有助於以正確的角度看待成年後的爭執，甚至能將幽默注入爭執中，讓彼此轉換情緒。

丹尼爾有很多觀察和妻子相同。「我們一起成長了，」他說，「我們有足夠的信心，不用改變對方的思想。我們彼此信任。一般人總覺得在關係中有相同的政治立場很重要，但實際情況不是如此。」對一個十分重視自己政治理念的男人而言，能講出這番話真的很棒。他沒有低估爭論的激烈程度，也知道還可能激起強烈情緒，因此能有這番成果，著實令人佩服。

「我們的方法就是：學著更了解自己。例如，我們講話容易提高音量，讓對方覺得要準備吵架。仔細反省後，下次把語氣放軟一些，彼此就不會生氣了。如果一開始對方態度強硬，我也會不想退讓。我們現在越來越不會這樣做了。帶來改變的因素之一，就是懷著真心的善意。你有可能上網時看到一個議題，然後想『另一派的人怎麼可能認同這種東西』。但假使你的評論能婉轉一點，並願意去注意自己的推論過程，就有助於更客觀地看待另一派對同一個議題的看法。」

就我所見，在關係中政治立場不同但能好好相處的所有人有個共通點，就是懷有真心的善意，要做到這點，通常會花點時間。

我想知道，在他們做了這麼多努力之後，還有什麼事是沒辦法好好討論的。丹尼爾毫不遲疑地告訴我：「就是移民議題。我們的底線不同。相信某件事是錯的，但不見得會認為它違法。在這種情況下，良心就是重要的考量因素。總之我深信，國家主權至高無上。」他在不同事情上的立場有些微的差別，顯然有經過審慎思考，因此我能理解，為什麼凱倫會這麼欣賞丹尼爾的深思熟慮，儘管她堅持反對他所下的結論。

丹尼爾承認，他們依然需要努力控制自己，謹慎地講話。每對政治立場不同的伴侶都必須這麼做。「我感謝我們學到的一切，主要是冷靜與傾聽，那對彼此的溝通很有用。你總是有一股衝動想打斷對方，然後說『你錯了』，而你得努力自我控制。」

施瓦茲夫婦談及爭執及情緒如何逐漸轉化時，雙方的說法非常接近，這足以證明他們已經克服許多障礙。施瓦茲夫婦明顯地改善了他們的互動方式，否則意見分歧時的互動的確會撕裂婚姻。他們在那些議題上的立場並沒有變，但愛卻更深厚了。

政治不是宗教；政治沒有比愛或是家庭更重要

她出身於鐵桿共和派家族，當她還是個小孩時，每次家裡有什麼電器用品壞了，總是會有人說：「都是民主黨帶衰。」而他是中間選民（曾投給歐巴馬），他相信，像她那樣鮮明的黨派立場是美國的禍根，會威脅到民主的進步，他得致力對抗這股撕裂人民的危險力量。共和黨的約翰．馬侃（John McCain）在二〇〇八總統競選挑選了莎拉．裴琳（Sarah Palin）作為搭擋。他們兩人對裴琳的看法相反，訂婚計劃還差點因此泡湯。近日，他們就各自的專業對有線電視新聞網（CNN）有不同看法，私底下對政治相關議題也有各種歧見。然而，令人欣慰的是，結婚九年，他們還是喜歡彼此的陪伴，欣賞彼此的才智。瑪格麗特．胡佛（Margaret Hoover）和約翰．阿弗隆（John Avalon）兩位都是「政治動物」，卻能達成許多人想像不到的事。他們相反的政治觀點並沒有對兩人關係造成嚴重傷害。這怎麼可能？

四十一歲的瑪格麗特是有線電視新聞網的政治評論員，也是美國公共電視新聞網（PBS）談話節目《火線》（Firing Line）的新主持人，它過去由小威廉．巴克利（William F. Buckley Jr.）所主持。瑪格麗特反對民主黨，熱情而堅定支持共和黨，原因很合理：她是前總統赫伯特．胡佛的曾孫女。前總統小羅斯福及民主黨人士將經濟大蕭條歸咎於胡佛個人，瑪格麗特的家族至今仍沒有忘記，也沒有原諒這件事，她說：「他是二十世紀被醜化得最嚴重的總統。」胡佛家族好幾代都承受這個傷痕。小羅斯福過世後，「東河路」改成「羅斯福路」，但胡佛家族只用它的舊稱，瑪格麗特還是家族中改用新稱的第一人。

瑪格麗特和約翰都曾在前紐約市長朱利安尼的二〇〇八年總統競選團隊工作，他們就是在當時邂逅。瑪格麗特來面試的時候，約翰已經是朱利安尼的講稿寫手兼政策主任，一個有先見之明的朋友向他宣告：「我剛剛遇見你未來的老婆了。」那時他們甚至還不認識彼此。儘管約翰的政治思維不是正統、標準的共和派，瑪格麗特還是立刻受到他的吸引。

他們之間的吸引力，從一開始就很複雜。

四十六歲的約翰是希臘移民第三代，他是有線電視新聞網的主播，政治立場上屬於中間派。他和瑪格麗特剛交往時有很多問題，他明白原因，也知道兩人關係到現在有多大的進展。「在她的家族，政治簡直是宗教，」他說，「因為我不是共和派，所以跟我結婚就像要跟異教徒聯姻一樣。家族意識在她心中已根深柢固。」

瑪格麗特也同意這段描述。「遇見約翰時，我的意識形態還很嚴謹，真心認為自己是大家族的一份子。胡佛家族多年來承受社會汙名，家人心理都有受到影響，每個人都處於蜷縮的防備狀態。爺爺總是很憂鬱，我承襲他的政治理念。所以家族中從沒有人投給非共和黨，或和非共和派的人結婚。共和黨曾是我的信仰，但我結婚後就改變了。為了讓我們的婚姻開花結果，改變是必須的。現在的我是從伴侶關係中蛻變出來的。」

就像瑪格麗特成為家族政治傳統的守護者，約翰的中間派政治認同也源自童年經驗，從小他就自命為家中的調解人。「我在家中排行老大，」他告訴我，「爸媽常吵架但沒有離婚。我聽到他們吵架就會睡不著，便下床去調解。我會說『為什麼我們不能好好相處』。」現在面對整個國家的問題，他也主張一樣的理念。

在人生最重要的協商中，約翰純熟的調解技巧派上用場。否則對那位女士而言，只要不是鐵桿共和派就出局，而他卻贏得了芳心。

他們的婚事差點因政治而告吹。馬侃挑了裴琳做競選搭檔時，約翰已經買好了求婚戒指。裴琳當時初次擔任阿拉斯加州州長，缺乏政治經驗，又是個爭議性人物。約翰告訴瑪格麗特，他無法接受馬侃的選擇，所以會改投給歐巴馬，莎拉為此差點取消他們的婚事。

約翰回憶道：「我當時計劃要求婚，但她說不知道自己有沒有辦法嫁給一個覺得裴琳無腦的人——對她來說，她投的是『那一整個團隊』。我們大吵了一架，信任關係因此陷入了危機。」

約翰運用兒時學的技巧，嘗試用幽默化解摯愛的憤怒，但她不為所動。「她真的在思考，我們到底應不應該繼續在一起。」他說。他們心中深植的核心價值受到了威脅和挑戰。

最後他們終於找到了解決方法。就像約翰所說的：「我們意識到，裴琳不是我們想吵架的原因，也不想為了她斷送我們的關係。」「我花了很長一段時間，」瑪格麗特解釋，「才能斷定一切都是出於他真心的善意。你必須相信你愛的人不會拿著刀對抗你。我和約翰在一起，經歷了許多很棒的事，我並不覺得自己有損家風。」

最終，瑪格麗特放下了防備，和一個不信她所信的人走上紅毯。「我很清楚知道自己想要嫁給這個人，他欣賞我，也欣賞我的家族史，卻不是因為它的名號。我覺得嫁給他很像冒險，確實也是。但我覺得，不冒這場險的損失就是錯過我所遇過最好的男人。我想我可以放手一搏。」

他們共同的認知挽救了一切。他們都了解到「裴琳大戰」（他們現在還會如此笑稱那場婚姻危機）的起因和裴琳這位惡名昭彰的副總統候選人沒多大關係。約翰說：「一切不是因裴琳而起，她只是導火線。真正在吵的事情是，我有沒有否定瑪格麗特與她的家族，以及她的自我認同。在那場荒謬的爭執下，那些才是我們在意的嚴肅議題。」他了解並且認真地看待他們之間真正的問題。搞清楚狀況後，他們也領悟到，共結連理並不會威脅到任何一方的價值觀。他們之前認為，不同的政治理念似乎會阻礙到兩人真心結合，現在了解那不是真正的威脅。他們的洞見克服了一切。

現在，他們結婚九年，有兩個孩子，彼此的差異依舊沒有化解（不可能也不需要），但他們以正確的角度看待問題。「我們在個人風格及原則上仍有很大的分歧，」約翰說，「雖然我不是天生就有耐心，但彼此的深度溝通需要努力與毅力。」

與立場對立的伴侶「深度溝通」不像大家想得那樣簡單。你得向對方傳達，自己會重視他的態度和觀點，無論差異多大。你也得尊重他的理由陳述，敞開心胸傾聽他的看法，就如同自己也想要對方這麼做。在伴侶關係中，改變對方並不是個有效又好用的選項。

瑪格麗特與約翰還得在大眾面前交代他們的差異，畢竟電視機前面的觀眾都在看好戲。特別是約翰，從結了婚開始，便已經大幅調整在公眾前與私底下的態度。「我真的很享受辯論，目標就是要贏。但這並不適用於婚姻，我已經學會不在婚姻中爭輸贏。政治不是宗教，也沒比愛與家庭重要。在私人關係裡，你不能妖魔化或不尊重對方，或者是覺得自己每次最後一定得辯贏。」一個專業的辯論者能說出這番話，真不得了，他所講的策略，伴侶們在家若能嘗試，便能好好維持感情。為了在私生活避免爭執，他發展出一個技能：「當我想要發火，會記得自己是在和老婆辯論，不是和朋友或同事，態度不應該強硬。這是基於愛所養成的自制力。保持相愛比贏任何一場辯論都重要，人的情感超越了一切。」

這對夫妻也有意識地在媒體形象上樹立另類的典範。「我們都還在有線電視網工作，仍有不同的立場，政治思維也還是南轅北轍。」約翰承認。醫療衛生就是個敏感議題，兩人立場大不相同。反川普是他們之間少有的共識。「她還是以自己的黨派立場為榮，我還是覺得那有問題。但我們代表一種新關係，不同立場的伴侶可以愉快共處。」在約翰的嚴謹態度背後，是他對瑪格麗特家族的尊重：「我沒有忘記，我的孩子也是胡佛的玄孫。」

我很好奇，對於與自己觀點相同的酸民，約翰有沒有公開捍衛過妻子的立場。他回答說：「在社群媒體上，我的反應就是『那是我老婆。滾開！我不允許你詆毀我愛的女人』。」我敢肯定，如果情況倒過來，瑪格麗特也會有一樣的反應。身處於同溫層當中，這絕對是必要的態度。

「觀眾還會樂於看到我們一起上節目，原因在於，我們倆證明歧見是能克服的。」約翰說。瑪格麗特補充道：「我喜歡約翰說的『意識形態是家門外的事』。他堅守這個原則。在遇到他之前，我愛人都是基於他們的政治理念。約翰讓我了解，人與人間之所以產生連結，除了政治立場，更重要的是因為愛。我改變了原本的想法，因為知道我可以繼續做自己。在我們的生活中，最重要的是伴侶關係。」

而無論民主黨怎麼「帶衰」，都不會影響到親密關係。

我就愛一場勢均力敵的辯論

六十六歲的哈利是位廣告文案寫手，七十六歲的艾倫則是退休的軟體工程師，他們為何出現在這個章節？因為兩人都十分好辯。表面上，他們與其他夥伴完全相反，一般人都是隨著時間過去，讓衝突越來越和緩，並學會避免衝突或是轉移話題。但哈利和艾倫兩個男人在他們數十年的友誼裡，從未停止吵政治，還將吵政治磨成了某種藝術、遊戲、運動及或舞蹈，既歡樂又有教育意義。這對老頑童設立了典範，吵政治也可以吵得熱情又理智。

為了支持自己的政治理念，他們將論點去蕪存菁，將兩人的爭論儀式化，但他們表達的政治理念是經深思熟慮而成，不管過了多少年都不曾改變。他們的友情比以前更堅定，且政治爭論是交流中不可或缺的一部分。從他們身上看到，就算政治理念一點也不和，意見還都相衝突，感情還是可以與日俱增。他們的祕密武器就是情緒管理，加上謹言慎行、幽默以及避免嫌隙。

多年來，他們的辯論已經演變成例行公事。一週一次晚餐，配上幾杯酒，準備上演夜晚的重頭戲：一場嚴肅的意識形態之爭，通常是由新聞標題引發，接著越聊越廣。雙方總是情緒澎湃，各有各支持的立場，但是態度有禮，不會惡言相向。兩位鬥士通常不會預先計劃辯論主題，但根據多年來的實際經驗，都知道該吵些什麼，也知道彼此的立場為何。這對和善卻固執己見、總愛鬥嘴的好友已經保有辯論儀式非常多年，累積了無數人生經驗，並經歷過多次民主黨和共和黨的政黨輪替。

哈利和艾倫以前住在曼哈頓的同一個住宅區，當地有個酒吧，他們都是那家酒吧的常客，也是在那認識的。「我真的不知道怎麼會開始吵政治，」哈利說，「一定是我們其中一人對某新聞有什麼反應，然後另一個人突然開始講話，想教訓教訓他，就這樣吵起來了。」即使哈利之後搬出了那區，他們還是保有到彼此家中吃晚餐的習慣。二十年來，他們就像家人，就連彼此的妻子都是好朋友。後來哈利和艾倫的妻子分別突然過世，兩個男人也攜手走過悲傷。

他們的爭執有些滑稽，同時很嚴肅，並且具有知識啟發性。艾倫比哈利高大許多，說話審慎，時常帶刺，有種冷冷的幽默感。哈利比較矮小，講起話來比較激動，吵架的時候更會挑釁對方。看他們吵架，就像在看一隻小型狗和一隻大型狗打架一樣；他們在辯論上各有各的厲害之處，因此很少會出現絕對的贏家。

「我們在玩遊戲，」艾倫說，「他是很好的辯論家。我們都喜歡動腦的遊戲，但很難找到好的對手。」「如果你能找到證據支持你的立場，我們才算勢均力敵。」哈利有點嘲笑意味地回他。艾倫反嗆，酸哈利說：「你才是，常常都只拿福斯新聞當證據。」「諷刺與幽默是讓你們這種辯論維持下去的部分因素嗎？」我問。「絕對是！」他們兩人都立刻回答。「那些都是政治、選舉而已啦！」哈利補充。但艾倫這時卻變得更嚴肅了：「一九三二年的時候，猶太人也是這樣說的。」「但這裡不是德國，我們有權力制衡原則。」他們兩人不分軒輊，沒有人能長居上風。

他們這麼常爭論，要如何避免事態失控呢？艾倫表示：「好的辯論者所遵守的原則就是永遠不要動怒。「你從哪裡學會這件事的？」我問他。「我不知道，」他說，「自然而然就會了。不然就不是在辯論，只是在亂叫。講話一定要有禮貌。」

我也問了他們，川普選上了總統，有沒有影響他們辯論的調性？

艾倫：嗯，以我的觀點來看，川普上臺後，完全是另一回事。我人生第一次覺得我們的民主出現了危機，以前不管哪一任共和黨總統執政，我都不曾如此擔心和煩惱。

哈利：我的天啊！我們的民主才沒有出現什麼危機。如果政府真的跟俄國共謀，威脅到民主制度，也是希拉蕊造成的，她撈到的好處可能更多吧！

艾倫：哈利，你怎麼會講出這種蠢話？聯邦調查局、中央情報局，每個人都說，俄國介入是要幫助川普以攪亂我們的政治，誰不知道川普最會的就是搬弄是非、製造麻煩。

（接著，他們就開始誰也不讓誰，旁人聽不懂他們在吵什麼。）

唯一一次，有個不請自來的第三者加入戰局，才爆發了惡意的爭執。當時他們在酒吧，有個人不小心聽到了他們的辯論，馬上發出評語。「有時候其他人會參一腳，」哈利說，「我們當時在吵地球暖化，只是在鬧著玩，然後酒吧裡有個人和我說『我希望你的小孩不得好死』。」

我想知道艾倫對此有什麼反應，在地球暖化議題上，他完全不同意哈利的立場。

「我喜歡哈利的孩子，才不希望他們死掉，哈利去死就好！」艾倫說，他的眼裡閃爍著一絲淘氣。

我注意到，哈利一點也不在意被開這個玩笑。「我們很常大笑，」他說，因為他都會以牙還牙。他們示範了如何以極其荒謬的方式表達敵意，對比那個路人甲發自內心的咒罵，他們以幽默化解怒氣，不傷肝動火，又能自娛娛人。

他們吵得最兇的情況是怎樣？「當然我有時會嗆爆他，」艾倫說，「想他知道更全面的觀點。」接著艾倫又說：「我之前支持歐巴馬，在一場派對上，有個女的叫我說出一項歐巴馬的政績，我說了一大串，覺得很爽快，就像是拿槍射池塘裡的鴨子一樣。但哈利比較不好對付，因為他懂很多。」對於艾倫的評論，哈利很少不回嘴，這是其中一次。友誼賽的精神就是尊重、欽佩你的對手，這對維持辯論遊戲是非常重要的。

值得一提的是，哈利及艾倫都不記得吵得最兇那次是為了什麼議題，也不記得爭論的內容。畢竟，重要的是一次又一次的辯論過程，而不是個人的勝負。「我們能區分這兩件事。」哈利解釋。艾倫也同意：「我就愛一場勢均力敵的辯論。」深受政治爭執之苦的人們可能很難想像，這兩個人真的把吵來吵去當成樂趣，充分發揮自己的知性與感性。

分享不同黨派立場的文章，時常引爆戰火，但他們處理這件事的方式，反映出其關係是建立在互相體諒的基礎上。艾倫回憶道：「有一次我和哈利說，『聽著，如果我找到文章能支持我的觀點，你願意讀嗎？當然，如果你寄來你們陣營的文章，我也會讀』。」他們一致表示：「但我們不是很常這樣做。」這就是為什麼他們都會好好收下對方傳來的文章。兩人對於交換文章的分寸拿捏得很恰當，十分難能可貴。

他們培養起來的相處方式，並非憑空而來。他們恪守著一些默契與規則。「我們之間有個規矩，」艾倫告訴我，「我們試著不對彼此發脾氣，那可是大忌。老鼠被逼到牆角可是會發飆的。」

「沒錯，」哈利贊成，「不過是聊政治，雖然喜歡認真討論，但那不能定義我的人生。」

「他蠻聰明的，」艾倫說，「所以他怎麼會是共和派？也許是遺傳傾向吧。」

「而他是個好人，也是個好朋友，我們很合得來，」哈利回他，「他提出的好論點，我會去了解，下次我才能一一反駁。」

艾倫舉了一個最近的例子，顯示出他朋友有多精明。「共和黨通過稅改方案的時候，哈利提出了一個好論點。他說，大部分人看到薪資單上的數字增加了一點，全部加總起來的數字卻很可觀。我在《紐約時報》也看到一樣的論點。然而是哈利先想到的。」

這一次，僅此一次，艾倫讓哈利辯贏自己。

政治立場不同的人，要維持親密關係可一點也不簡單，不只需要警覺心、敏感度與自我控制，對於反感的觀點、惱人的異己之見及其支持者，也要有同理心，並保持一定的開放態度，盡可能看到歧見背後的核心原則。在每個成功的案例當中，這些朋友、伴侶、夫妻都發現了，他們在情感、理智及道德上都與對方更契合，而非疏遠。

在現代社會中，人們都以為政治立場相異的人不可能保有親密關係，試圖維持這種關係既不道德也沒好處，因此越來越少人能經歷到當中獨有的樂趣。如果你基於意識形態，就排斥政治立場上與你相反的人，那你很可能會錯失一個靈魂伴侶、一段珍貴的友誼，或是深入探討自己世界觀的機會。若是你沒有過這種經驗，就不會擴大視野，並全力專注於真正重要的事，避免以自己的觀點妄下正面或反面的臆測。我的愛人是鐵桿的共和派，我的思想因此變得更縝密，知道的事情也更多，變成更寬容的自由派。雖然政治立場相異，但除了愛吵愛鬧的另一半，他們誰都不要，這點我絕不懷疑。

就事論事、避免發怒、音量控制——伴侶們採用了許多策略，將政治放在關係中適當的位置。至於放在什麼位置，要看他們的性格。這麼做最重要的因素是想要讓彼此好好相處，畢竟人的關係比什麼都重要。他們已經接受彼此不同的立場，不管怎麼討論都不會改變，因此把關係不和的主要根源放到一邊。

根據親身經歷的狀況，這些伴侶提供了以下意見，包括他們怎麼想以及怎麼做：

- 要不計代價避免網路資訊引發的衝突。
- 在公開場合會捍衛對方。
- 房間裡不放電視（就算是雙方都會上電視的伴侶也是如此）。
- 雙方都會想到政治上的衝突點會如何影響對方。
- 試著理解對方的論點。
- 就算有激烈的意見衝突，還是會尊重彼此的聰明才智、性格。不只將彼此的欣賞放在心裡，更會主動表達。
- 運用幽默瓦解敵意。

- 知道哪些話永遠不能說（例如「川普是法西斯主義者」或是「民主黨會毀掉經濟」），也會忍住不說。
- 在給另一個人自己黨派立場的文章前，會先問過對方，雖然很少會這麼做。他們也會讀對方給他們的文章。
- 知道在討論激化前停止對話的方法與時間點。

第七章

三位川普支持者以及愛他們（或離開他們）的女人

許多人都假定，從你支持的候選人就能知道你的主要性格，並推定你應該會愛上哪種人。本章目的就是要挑戰這種有害人際關係的假設。事實上，你可能會因為和對方政治理念相同而被蒙蔽，沾沾自喜地誤以為你們在基礎價值觀上有許多相似處，但實際上並不多。典型的例子就像是有一種男人對外自稱為「女性主義者」，卻在照顧他的寶寶時看色情影片。品德、忠誠、溫柔、大方、親密能力及其他特質，是一段關係開花結果的先決條件。不管你支持哪個主流黨派，都可能有這些特質，即使無黨無派也會有。而自私、傲慢、卑鄙等特質也是不分黨派的。不管紅州約會網和藍州約會網再怎麼宣傳，一致的政治立場並不會相愛的捷徑。

就算是意識形態相似，也不能保證一定合得來；政治立場明顯不同，也不一定就會吵得不可開交。當前各種文化都會朝極端發展，人們因此看不到現實面。幸好，一段關係能否維持下去，指標要素絕對是人的個性，政治立場只是其次。

☮

川普選上總統後，我收到三封電子郵件，發信人都提及我在幾年前寫的一篇文章，主題與本書相同。這些人都談到，支持川普的男人與厭惡川普的女人湊在一起，有各種不同的關係樣貌。以下為三封信件的內容。

川普的支持者尼克・曼斯菲爾德寫道：

我剛拜讀妳所寫的文章，描述妳與丈夫理查的關係。我最近進入了一段關係，我很快就愛上對方。我們的狀況與你們家很相似。她非常、非常自由派，我則是保守派。上次的總統大選，我是川普的鐵粉。

有個問題很困擾她：我車子保險桿有張貼紙，圖案是「川普小鬼」在「民主黨」三個字上尿尿。如果理查先生的保險桿上也有一張類似的貼紙，妳會要求他撕下來嗎？不過，若她的保險桿有一張「希拉蕊小妹」尿在川普身上的貼紙，我會偷偷笑出來，不會叫她撕掉。

我們雖然只交往兩個月，卻熟悉得好像已經在一起很幾年了。我真的不想搞砸這份感情，我應該怎麼辦？

自由派女性艾莉絲·安德魯斯寫道：

我與他分手一陣子了。今天他寄給我妳所寫的文章，希望我能回心轉意，不要結束我們短暫的戀情。

我們雖只交往幾個星期，但在相遇的那一刻，在各方面都擦出了火花。從理性、感性甚至慾望層面來看，他似乎就是我一生尋求的那個人。然後我發現，他投給那個我覺得每分每秒都在辱國的人。我一方面譴責他，怎麼投給那麼糟糕的人，另一方面又要他相信，我的投票選擇對他的理念有利，他也都確實接受了。我認為我們之間的不對等終將侵蝕彼此的感情基礎，我覺得不能再繼續和他交往。

我不知道自己能不能改變對他的這個看法，那僅以政治為基礎，非常缺乏尊重。

在我拜讀完妳寫的文章後，讓我真的很驚訝的是，妳能在婚姻中堅持不懈，一直愛妳的丈夫，尊重他，不是不管他的觀點，而是繞著他的觀點，不與他碰撞。

我不希望在我接下來的人生中，不會因為某人對世界的要求與我不同，就對他失去熱情、同情或同理心。我第一次碰到這種狀況，也花了很多時間思考。現在我四十五歲，比以前都更清楚，必須調和我們的不對等。如果我不能越過自己劃下的明顯界線，結果還是可能差不多。

同樣是自由派的凱蒂・克萊克寫道：

我剛拜讀了妳寫的文章，內容敘述妳愛上了一個人，卻討厭他的政治理念，我碰巧也遇上了這種狀況。我不久前剛開始一段新感情（交往半年），對象是一個我認識十年的人。因為我們政治觀點不同，不願再和他約會，但我已經快四十歲了，我了解自己應該要再心胸開闊一點。嗯，這個星期是對我們的考驗。我們的想法根本就不一樣。今天早上他傳訊息給我，說他為了邦聯紀念碑的拆除哭了[19]，而我也哭了，但原因是痛恨那些紀念碑。我想跳出這個循環，發現妳的文章很有幫助。除了政治之外，他的其他特質我都很愛，這是兩難。

收到這封信後，我很快就聯絡了凱蒂，我收到了以下的回覆：

其實，不幸的是我們上星期分手了。除了這個分歧外，我們之間還有很多問題。如果妳要找我訪談，說說失敗戀情中所發生的衝突，我可以幫忙！

我很有感觸，也有些氣餒，自己不經意地被關係中有政治衝突的人們選定為「張老師」，他們很明顯地非常需要一些建議。我很認真看待這個任務，也知道有這個資格多多少少源自於我的自身經驗：我的丈夫是保守共和派，讓我深感欣慰的是，他從沒有考慮過支持川普（更不用說在車上貼討人厭的貼紙），事實上，他很厭惡川普。然而，我們在每個敏感議題上（墮胎、輔助自殺、槍枝管制以及地球暖化等），依舊持相反的觀點。當我們四十年來第一次有共識時，居然感到非常欣慰、非常高興。然而，若是他支持川普，我有信心，他一定也有正當的理由，但我一定會用力反對。

四十五年來，我治療過各種感情世界的患者，但很少自由派人士像我這樣，經常

19 編註：二〇一七年起，美國許多州政府拆除了紀念美利堅邦聯（The Confederate States of America）的紀念碑；美利堅邦聯便是南北戰爭中的支持蓄奴的南方聯盟。

接觸保守派的世界。如果我沒有嫁給一個保守派的男人，就不會有這樣的經驗了。因此我鬆了一口氣，不費吹灰之力就能理解這幾位寄件人遇到的衝突情況，馬上就能理解雙方的感受。更驚訝的是，比起這幾位自由派的女友，我更能理解她們挺川普的男友，不是出於政治觀點上，而是他們出乎意料的開放態度。在寫信給我的三對伴侶中，有兩對的衝突是自由派女方挑起的。我能理解這幾位男性為何會喜歡他們的伴侶，反之亦然。除了一對明顯不合，我深深覺得，撇除政治立場，他們都是天造地設的一對。

「我能在別的地方講政治，但我們之間所擁有的，別的地方哪也找不到。」

那位車子的主人對他如輻射般危險的貼紙感到自豪，而我給他的回應如下：

我覺得，就算你不介意她也照樣惡搞，你最好還是撕掉那張惱人的貼紙。我的原則就是重視禮貌，為什麼要無緣無故冒犯別人呢？真心祝你和女友進展順利！

尼克的回覆如下：

我女朋友看到妳的回覆後，十分得意。所以我會接受妳的建議，馬上撕掉那張惹人生氣的貼紙。我希望妳能夠在我們討論政治時一旁觀察，並對我們的說話方式提出批評指教。我覺得和她談政治很煩，也不喜歡討論進行的方向。

他的女友琳達則回我：

看到妳與我男友討論我們之間嚴重爭吵的事情，我無法表達自己有多高興。我真的很感激妳幫助我們擺脫這個困境。至於那張出名的貼紙要不要撕掉，我很開心看到妳給他的答覆。愛與和平萬歲！

這段對話結束後，我們又談了一次。五十八歲的尼克是樂隊隊長，他很誠懇也很認真，推翻了我所有偏見，他看起來不像會在保險桿上貼尿尿貼紙的川普狂粉。他有趣又坦白，也很驚訝自己有幸得到琳達的愛。那時他們已交往半年，已步入中年，又經歷了三段失敗的婚姻。他願意撕掉那張令人不快的貼紙，讓我刮目相看。「你把感受放第一，在一段新關係中，這是一個好現象。」我說。他回答：「沒有什麼比體貼更重要的了——我車上的那張貼紙，就像是對她講一些討厭的話。」顯然地，他已經從這次事件中學到了重要的一課。

尼克和我說，他真的希望能和琳達談政治，但就是談不起來，他很努力地接受現實，也覺得為了兩人所擁有的一切，犧牲這件事很值得。「我這個人很愛辯論，但不會做人身攻擊，但她做不到，」他說，「她根本連討論都無法。只要觸動到她某條神經，就一發不可收拾，尤其是談到墮胎。有時真的很難不談政治，我很關心國家正在發生的事，但我們卻不能談論。」我問他，有沒有別的管道，供他暢談自己的觀點。「有，我有。但我覺得什麼意見都不能和她講，有點困擾，她回我的話都很難聽。」我覺得他確實有權質疑她的語調，但他們的意識形態差異之大，沒有轉圜餘地，就像南希和卡羅斯，尼克和琳達的對話基本上必須避開政治議題。「你有沒有在『討論』中插話，轉移話題過？」我問。他回答：「我做不到，但我不覺得她的話貶低了我。」我覺得他的回答代表他有健康的自尊心。「在這種狀況下，」我建議，「唯一的方法就是接受現實，政治是你們地雷區。你們得在其他地方尋找共識，並專注在這個目標上。」

他們之間爭吵不斷，根基堅固的關係被破壞，我想了解他是不是也有錯（除了他的政治傾向以及一開始的粗俗語言之外）。我問：「你已經提出她應負起的責任，那你自己呢？」他笑著回答：「你想從哪開始開始談？我的人生履歷上，有很多感情失敗的紀錄，所以我對她很有耐心——她為了川普不爽我，我不想讓此成為這段關係結束的原因。這是一個考驗，看看我值不值得擁有她。」兩人都需要努力控制自己的脾氣，克服對立場不合的恐懼，最重要的是，儘管他們之前的戀情都沒有什麼好結果，但還是要克服緊張，努力建立親密關係。他們關係中的問題，政治只占一部分。

尼克接下來說的話很讓人感動，而且預示了這段關係的好前景：「我覺得受到上天眷顧，才能擁有她這樣的人，年輕、美麗、成功，我真幸運！我希望可以一直和她在一起。我正在為此努力，因為她很特別，但我一定要注意自己講的話。」我很驚喜，他能了解，兩人的連結彌補了政治立場不同的遺憾。「雖然我們不能談政治，但談別的也談得很開心，」他告訴我，「我們會說好幾個小時的話，卻感覺只講了幾分鐘，我永遠不覺得無聊。我能在別的地方講政治，但我們之間所擁有的，哪裡也找不到。」這是很棒的現象。

五十歲的琳達是位會計師，也是女權擁護者，在我和尼克對話完不久後，我問琳達，她對那張惡名昭彰的保險桿貼紙有什麼反應，會激起她哪種情緒。「我第一次向他透露我的政治理念，就是當面和他討論那張貼紙。我跟他說，那張貼紙讓我非常不舒服，」她說，「在這之前，我們沒有談過政治。」尼克向我尋求意見，她很感動也非常高興，他也遵守自己的諾言撕下貼紙。

琳達人生中，男性帶給她的經歷都很痛苦。尼克結過三次婚，而琳達卻和尼克交往前，只有談過三次戀愛，結果都很慘。她父親重婚，母親過了很多年都沒和他離婚。過去的創傷使琳達不想承擔愛情中的風險，於是她把注意力都放在追求事業，以及從事社區服務。遇見尼克讓她非常高興。「我很少交往的經驗，」她告訴我，「但我加入了 Match.com 交友平臺，看到尼克的個人簡介，非常吸引我；真的很讚。」

直到決定性的那一晚，琳達才看到了他的後保險桿：「我坐在車上，他停車時，車尾向我靠過來，我就看到貼紙上有個人尿在希拉蕊身上。我和自己說『妳是多蠢，才會忽略掉這個？政治意識能直接反映一個人的核心價值』。」琳達很擔心這張貼紙代表的不只是低俗的政治玩笑，而是反映出這個男人常常貶低女性。她當下有個不祥的預感，自己就要失敗第四次了。

然而，儘管冒著失去這個有趣男人的風險，她還是堅持自己的立場，而他的反應也很真誠。「我堅持他得撕掉那張貼紙。我說『想必你應該知道，這張貼紙有冒犯到我』。然後他接受了，他在七月四號國慶日撕掉了貼紙，那是個充滿自由意義的好日子。我了解他夠在乎我，也願意為我付出更多。」尼克的舉止展現出，比起自以為是，裝作自己很厲害，他更重視她的感受。分享真愛的自由，部分是建立在自我控制上。

尼克處理的方式緩和了琳達的焦慮與恐懼。她開始發現他對自己有多好，於是改變了原本堅定的看法，不再認為男人的政治理念代表著他的性格。「我現在發現彼此之間的差異很劇烈，但當然有時候還是很有趣。我愛他的其中一點就是他喚醒了我的靈魂，從來沒有人做到。」不管是什麼政治傾向的男人，從沒有人像這位川普狂粉一樣，給予她如此多體貼、諒解。

當然，撕掉一張貼紙沒辦法移除琳達心中對政治分歧的不安。她承認：「我們相處到現在，並非一帆風順。」隨著時間過去，一路上有許多坑坑疤疤。之前琳達看到他的臉書貼文被嚇到，內容令人厭惡，但她現在已經遵照我的建議，不再看他臉書。他們都已明白，談政治會破壞彼此的感情，也沒有必要。政治理念並不是他們一定要分享的事，沒有比尊重彼此的立場更重要。尼克再一次證實自己既體貼又心胸開闊，讓琳達又驚又喜。

當他們之間的政治爭執消失了，最大的爭執重點變成了他們關係進展的速度。「他希望馬上把油門催到底，但我需要更多時間。」她說。

而按照以往慣例，他也給予了她時間。

只有他的政治理念不行

四十五歲的金融分析師艾莉絲告訴我，當她和四十七歲的新聞工作者艾力克初次見面時，她感覺到「天雷勾動地火」，好像有件大事要降臨。艾力克似乎就是她此生尋覓的那個人——聰明、善於表達、心思細膩、溫暖、迷人有趣且熱情。他對他前段婚姻的孩子很溫柔，也會跟他們互相嘻鬧玩樂，這件事觸動了艾莉絲的心。她和艾力克有很多共通點，包含數年在國外的軍旅經驗。然而在艾莉絲發現艾力克投給川普後，她對他的看法馬上完全改變；艾力克之後和我說，他在網路上認識的女生都因為這件事而起了反感（有三個人因此離開他），他很苦惱，於是就從自我簡介中移除了這條資訊。在他居住的西岸城市，不管他有多少迷人的特質，都抵不過他投給川普的罪過；那裡不歡迎條件很好的川普支持者。

艾莉絲發現艾力克信威卡教（Wicca），感到很有興趣，但依舊不滿他的政治立場，並不斷臆測他的政治觀點會造成怎樣的人格特質。威卡教結合了白巫術與自然崇拜，信徒多為接觸新世紀運動（New Age）的女性，非常少見右翼人士。艾力克是威卡教信徒，完全不符合愛麗絲對人的既定印象。「完全在我意料之外，」她既困惑又喜悅地承認，「在他身上，混雜的矛盾不斷出現，但不是壞的那種。」

她自由派的朋友圈都沒見過艾力克，但一聽到他投的候選人，就叫她「轉身快逃」。雖然她覺得朋友們是出於本能反應才這麼說，但她還是同意並立刻照做了。我很訝異，她竟然會考慮這麼偏頗的建議，更不用說遵從了。我猜，他們是嫉妒吧？

四十二年前，我遇到自己未來的丈夫時，從來沒想過要去問任何一位鐵桿的自由派朋友，覺得他的政治理念如何。我那時比艾莉絲年輕很多，我朋友們在意的標準只有一個，就是他對我比較好，就算之前男朋友都是自由派的。後來，我的朋友們見到他，雖然有些驚訝於他的保守派思想，但他們還是很高興。然而，明顯地現在時代不一樣，人也不一樣了。

僅管艾莉絲和艾力克相處融洽，身心皆受他吸引，她就是過不了政治立場那關。他沒有強迫她接受自己的理念，也毫不猶豫地接受了她的不同立場，他展現了更開放的態度。基於政治立場不同，艾莉絲在他們見面後很快就和他分手了，艾力克為了想挽回她而寄了我的文章給她，她讀完後才開始傾聽腦中的另一個想法，重新考慮這段關係。

許多女性因為跟川普支持者交往而寫信給我，她們過去的戀情都很糟，艾莉絲也是，對象還是政治意識完全相同的男性。此外，這些女性都告訴我，她們已步入中年，也了解為了尋求愛情得放寬視野。但到目前為止，她們從不曾考慮和立場不同的人交往的可能性。對她們來說，很難想像一個堅定的保守派對象可能和自由派人士一樣品德高尚（更不用說投給川普的人了）。

即使艾力克有著獨特、迷人的魅力，艾莉絲與他之間的政治鴻溝似乎難以跨越，雖然她也說不清楚為什麼。她擔心自己這麼想有失公允，卻無法不認為艾力克的政治立場是個瑕疵，造成他們戀情破局。他的政治立場不只反映出兩人的不同處，更反映出惡劣的道德人格。艾莉絲告訴我，她很害怕他的政治理念會使她的愛變質。她拼命地克服這件事，也知道他人這麼好，自己還懷有偏見很不理智。但是她有底線，她是如此厭惡川普，所以認為艾力克也有極嚴重的人格缺陷，因為他支持的候選人就是如此。在她眼中，他身上有抹不去的汙點。艾莉絲與琳達不同，跟政治理念相同人的交往讓她大徹大悟，但心中定見還是難以動搖。她怎麼能同時鄙視川普，又愛著一個讓他當上總統的男人呢？

艾莉絲在離開艾力克之後還是放不下，只因為對方一個缺點就決定離開。她知道，如果「不學會越過自己劃下的明顯界線」，便有可能孤老終生，為了一個不一定正確的理由，就放棄任何美好未來的可能性。這就是為什麼她願意重新考慮她的決定，要不要繼續這段感情就、有沒有可能開花結果令她焦慮不安。

把），全只是因為他的投票選擇。她的煩惱有益於將來培養健康關係。她知道自己不完全合理。她問我，作為一個自由派的伴侶，如何長年和一個保守共和派和睦相處，不會一直處在衝突中。我說，我們花了很長的時間，投入很多心力和情感，才找到方法。既然其他事情都搞定了，這件事就一定能解決。這番話為艾莉絲點亮了一絲希望，否則以前想像不到也沒有實際例證可循。

艾莉絲很苦惱，自己對艾力克「缺乏尊重」，並且草率地拒絕他（朋友們推了一

艾莉絲清楚自己兩難的窘境：「他善良、非常聰明、又可靠，就只有他的政治立場不行。」她又說：「我也交過政治立場一樣的男朋友，但其他方面卻有問題。」從自己痛苦的經歷，她知道，相似的政治理念並不保證情感上有親密感，或是男人會善待她。「我的同溫層太厚，」她說，「我得想一想。也許我還沒克服——感覺被什麼卡住了。為什麼我看不出來糾結點在哪？為什麼他的政治理念會變成這麼大的障礙？恐懼使我不願放手一搏。」

我認為，艾莉絲恐懼的主要來源是她無法改變對川普的厭惡，而艾力克投給了那個人，她擔心自己永遠不會原諒他。她相信，艾力克的性格會不知不覺地被腐蝕，如

果不防患未然，自己以後一定會後悔。

儘管她有許多擔憂，在我們談過以後，她還是決定再給這段關係一個機會。「我很感激妳透過交流給我的協助，」她寫信給我，「我們聊過後，我真的開始用不一樣的角度看待事情。我們放慢了腳步，如嬰兒學步般小步邁進。我開始承認自己的恐懼，還有興奮。我們避免談論沉重的話題，比如政治理念相差多大等等。我們明白，了解彼此的性格才是這段關係中更重要的層面。」

如果親密關係最終能長久維持下去，那不管在政治還是其他方面，分歧的「沉重話題」就會在兩人之間淡出，而相似處及互補處則與時俱進，成為兩人關注的重點。問題是，她會願意嘗試嗎？

我猜想，她可能也害怕，如果和艾力克繼續交往就會失去朋友，或是在朋友間的評價降低，就像當艾力克透露自己的政治傾向時，艾莉絲對他的評價也降低了。而因為她的政治理念就像她的道德指南，如果將自己交給同溫層之外的人，可能會感覺到很不安不踏實。這場賭博她從不敢下注，但我相信試試看會有好結果。

半年後，我收到他們倆的一張照片，他們微笑著，雙臂環抱著彼此。「人很少能得到第二次機會，我與她都重新認識彼此，」艾力克在信上寫道，「不管關係發展到哪個地步，都要讓她明白，事情不會變得那麼糟。是妳給了我們這個選擇。妳讓她接受了我，而非將我完全拒之門外。」

他們之間是不是有著長遠的未來，或者更明確地說，艾莉絲能否放下她的偏見，學會信任他與他的性格，都還很難說，但這絕對是值得冒的險。

☮

艾力克和艾莉絲復合後不久，我和艾力克聊了一下。他非常高興，也清楚他們意識形態衝突的問題仍然存在，但艾莉絲困擾，也更會挑起爭執。「妳的文章讓我們化為烏有的關係死灰復燃，」他說，「復合後，我們度過許多美好的時光。我們的確政治理念不同，她本來沒打算接受彼此的分歧。不過，她卻忽略了，川普主張的事情我沒有每件都支持，我也不是完全討厭希拉蕊及歐巴馬。我其實更像中間派，比她更有包容性。」我覺得他的一番評估算是含蓄了。他不僅承認其他人對自己的偏見，也會適時自我調整，而不會生氣。他說自己出生在南方：「但我改掉我的南方口音了，因為我發現，只要被人聽出來，對方就會自動將你的智商減十。」他說得諷刺，卻不氣憤。

這不是他第一次因政治理念衝突而斷送一段關係。他自己也很苦惱，最近這種狀況越來越常發生，就像以前社會的人很少會離開自己的宗教、種族或階級圈子。「我上一段感情談了兩年半，在川普宣布成為總統候選人時分手，」艾力克告訴我，「她超挺伯尼，但之後我就變成她人生中的頭號公敵——這令她無法忍受。我對妳的文章產生了共鳴，因為妳與丈夫處於對立的立場，卻能維持多年的關係。這說明了一切。」他深信自己能達成這目標，並想與艾莉絲一起共享。「我一直在找一對政治立場對立的伴侶，想給她看現成的例子。重要的是，妳不僅身為女性，妳的文章又是站在自由派這邊。我想要她參考一下，她應該知道我的用意。她想要知道如何再試一次，但沒有先例，我也不知道要怎麼攀過兩人之間的高牆。」

復合後，面對艾莉絲的挑釁，艾力克用盡全力不上鉤。很明顯地，她還是很會引戰，一有機會便夾槍帶棍地評論和川普相關的事，讓艾力克不及防備，難過又氣憤。他說：「我帶她去一個年代久遠的高爾夫球場，給她看看歷史建築。但她只說『高爾夫就是有錢肥白男的運動』。」這種結論顯然忽略了一些例外，像是李．維屈諾（Lee

Trevino）及老虎伍茲。我猜想，她是不是想測試對方，看看他迷人的表面下是不是藏著一顆像川普的腦袋。我也告訴艾力克，他必須直接向她提出質疑，並要求她以更成熟的方式控制自己的敵意，而不是焦慮地安撫她，避開真正的問題。否則，他所壓抑的憤怒與挫折，最後爆發出來，就會像她之前的情緒一樣破壞他們的關係。

儘管在政治方面，兩人之間依舊有緊張的對立關係，但他們在其他領域互相欣賞、迸出火花，達到了真正的親密關係。「只要我們避開政治，就有好多可以聊，」艾力克說，「不需要談政治，我們有那麼多共同話題。」

他們復合之後，艾莉絲還是不能控制自己，雖然比以前親近，她依舊會無緣無攻擊他的政治觀點。艾力克所展現出過度的包容與自我壓抑，我認為適得其反。「她了解也欣賞我許多特點，但還是會說『你竟然投給那個怪物』。我要怎麼回答那樣的問題？」他問。「你不用試了，」我回他，「你不能因為怕她離開你，就縱容言語攻擊。這種溝通不是討論。你必須叫她停止。」我有種不安的感覺，艾莉絲尚未處理好對男人的敵意，而政治也許提供了她宣洩敵意的出口。

艾力克本不該對艾莉絲的挑釁上鉤，卻不斷向她辯解，又不斷失敗。他太過焦慮，所以害怕與她正面起衝突，也不敢堅決表示，她在說話前應先想想，看有沒有更好的辦法能克制衝動，不要一股腦脫口而出，並了解激發她怒氣的是什麼。他情急之下，一直嘗試「將她拉進對話裡」，結果反而無效。一心想羞辱你的人，是不會願意和你進行對話的，就算他羞辱的內容僅限政治，也是如此。

尼克願意保持禮貌，尊重琳達的感受，因而拯救了他們的關係，但是艾莉絲似乎時常陷入攻擊模式。艾力克告訴我：「她說，有朋友說她會『把手伸到桌子對面勒死他』。」我說：「她不該告訴你的，更不該縱容朋友說那麼難聽的話。你不應該允許這種事發生。」我建議，如果她再次說出如此可惡的話，他可以回說：「那妳得要保護我。」她必須將自己的伴侶放在第一位，每對伴侶，不管政治立場相不相同，都必須學會這件事。

她到底站在誰那邊？如此敵意，就算只限於一個範疇，終將會破壞一段關係。像艾莉絲這麼有洞見的女性，理應檢視自己的動機。她是否因為愛上了一個川普支持者，就覺得自己背叛了盟友？她反對男友的立場，是否只是為了自我辯護，畢竟她可是與敵人共枕呢！也許她其實不知道自己恐懼與任何男性進入親密關係，而利用政治作為破壞情感聯繫的理由？

然而，人都是複雜的，他們常常也真的很開心在一起，享受大自然之美及彼此的陪伴。他告訴我，他常常夢到吻她，當他向她講述這些夢時，她的回應很熱情。對川普的仇恨縮小了，但他還是很小心翼翼。

我盡全力促成，但他們自己還是要努力，政治對立的戀愛是不會一路順遂的。

㉧

以上談及的這幾對伴侶，沒有人可以保證他們的關係最終會開花結果；畢竟，伴侶們有許多不同分手的原因，不論好壞，是和他們投給哪個候選人無關的。儘管政治理念相差甚遠，政治立場不同的伴侶藉由對彼此的理解與愛，他們的生命變得更美好，視野變得更開闊，他們再也不會不假思索就認定，另一派的所有人都是敵人。他們將政治放在了恰當的位置。愛真的能戰勝政治，至少有時是如此。就像任何形式的愛一樣，這種愛也總是一種冒險。

他無法把我當人看

三十九歲的凱蒂・克萊克是名編輯，而四十歲的克里斯・施瓦茲則是名物理學家，他們認識了十年才開始認真交往。他的右翼思想總讓她裹足不前，但是她「除了政治以外，愛著他的所有」——他的聰明才智、冒險精神、熱心助人、他對她生活的興趣。面對四十大關將至，就算心中有疑慮，她還是願意冒險一試。

凱蒂是個鐵桿自由派，為了讓他們的關係順利發展，真的費盡心思。她收看福斯新聞，瀏覽可信的保守派網站，了解克里斯的想法。但克里斯從不會以同樣的方式回報，就算凱蒂「央求」他看一個很重要的節目，他也不肯。然而隨著兩人相處的時間越長，她越發驚恐於他偏激的觀點，比尼克或艾力克的觀點都灰暗、強硬，他甚至完全不認為她的政治理念是合理的。

過了八個月，凱蒂開始注意到克里斯令人憂慮的言行舉止，不只限於政治層面。一開始她覺得他對餐廳服務員的傲慢態度讓人不舒服，但她忍下來了，因為「我朋友的老公也是這樣，而且他是民主派的」，但是克里斯的缺點開始越積越多。「他對什麼事都很負面，」她說，「在生活中各方面，他都深深覺得自己遭到不公的對待。」有一次她與他的親戚碰面，大家要一起搭地鐵去看電影，「他表親建議的路線和他提議的不同，他就發火了，還直接穿越月臺離開我們。」凱蒂自己做了十五年的心理治療，經驗豐富，於是覺得很氣餒，因為「他覺得自己比每一個心理治療師都聰明」。她也發現他飲酒過量。令人不安的是，他的政治立場轉向另類右派，但這一切看起來只像冰山的一角。

二〇一七年，白人至上主義的支持者在維吉尼亞州夏洛特鎮舉行「團結右翼集會」（Unite the Right Rally），他們的關係便到了臨界點。「我告訴他，有個女人被遊行的人殺死了，我很崩潰，他卻譴責我支持反法西斯運動（Antifa）。」她說。反法西斯運動是極左、激進的抗議團體。「我在所有自由派朋友面前為他辯護，他卻傳訊息告訴我，他為了邦聯紀念碑拆除而『哭了』，而我也哭了，但原因是痛恨那些紀念碑。這是我們關係中的危機；他無法把我當人看。我不能無視人權議題。那時我動搖了，我想『我男朋友是個怪物』。」艾莉絲雖用一樣的字眼指責艾力克，但她只是根據他投的候選人就妄下斷語，凱蒂與她不同，她的指控有正當理由。

克里斯這次的表現，以及這背後的思維方式，讓凱蒂有了新的認知。「我初次寫信給妳時，我還在努力讓我們這段關係維持下去，但我開始注意到，他有多固執己見，多生氣、痛苦、悲傷。」讓她最終再也受不了的，不是他的情緒本身，而是他的情緒中帶有的剛愎與傲慢。「我的確相信，和一個政治理念不同的人在一起，是有可能的，但是他的話，完全是另一回事；他在表達他的政治理念時，反映出了他人格的其他面向。」

她做了一個頗有說服力的夢，確定自己的擔憂是真的：「我試著要和他說話，但他就是不肯。我好希望我們能溝通，但我就是無法說動他。」沒有雙方溝通的任何關係都註定失敗。她的潛意識已經告訴她這個真相，幸好，她聽進去了。

凱蒂的判斷後來證實無誤，雖然過程有點不堪：「過了八個月，我和他提分手，他很震驚，反應很可怕，並且懷恨在心。他覺得自己被打擊了，立刻和前女友復合，還和我講這件事。」

然而，她還是承認，即使他有一些嚴重的人格缺陷，並不是完全沒有優點。「他在很多方面都對我很好，」她說，「我有一陣子挺懷念那些事，但我絲毫不懷疑自己與他分手的正確性。從他處理我們政治分歧的態度看來，他總是太過自我。」總之，「無論如何，我都沒有猶豫，也沒有後悔」。

我有種感覺，之後若是有更成熟、理智、身心健康的男人，就算他投給川普，她也會願意和他交往。

第八章

核心價值是什麼？

潔可琳．溫特斯是位七十二歲的榮譽退休歷史教授，她非常想和我聊聊她最近關於愛與政治的經驗。她寫道：「在妳的理論中，一方支持川普而另一方則不支持，兩人還是有可能建立並維持一段關係。我的故事雖然推翻了妳的理論，但還是希望妳會覺得有趣。」

顯然，潔可琳有個鋼鐵般的堅定信念，且她真的是有故事的人。故事起始於五十多年前，當年她十九歲，才剛從高中畢業，丹尼爾則比她小一歲。她記得他們半年的戀愛「甜蜜又純真」，她告訴我，他們完全沒有發生性行為，因為她那時還在處於上一段情傷中，他想要重建她對男人的信任。「此外，」她說，「我得知，他不認同婚前性行為。」雖然這個觀念好像有些古板，但卻讓她有些心動。當他們分道揚鑣，她去上大學，他則是為成為藝術家而去了歐洲。她保留了兩人之間許多的美好回憶，在她的兩段婚姻之間，他們有定期保持聯繫。

接著，她與第二任丈夫離婚九年後，對一些「有希望的追求者」感到失望，這時他在臉書上聯絡了她。他們接下來的聯繫看起來很樂觀，至少在性愛方面很合得來。「我在電愛的過程高潮了九次，」她驕傲地告訴我。她當時在佛羅里達過冬，便邀請他來自己的住處。「我並不是在尋求另一段關係，」她說，「但我所記得的他，以及回憶當中我們共渡的時光是那麼棒，而他也這麼覺得，我們決定看看兩個舊人能不能激出一點新火花。」他在二〇一六年總統大選後一天到達，待了三星期。

但他們並沒有激出新火花；因為他投給了川普。

重逢之後，一開始的三天，他們聊著政治以外的話題，一切都很自然，但到了第四天，當潔可琳提起了選舉話題，丹尼爾便說自己投給了誰，她嚇呆了。「他說『我們不能給川普一次機會嗎』？」她對他的想法既震驚又生氣，尤其是他用「我們」一詞。「川普有很多潛在的麻煩問題，像是男性說教的姿態，以及不願討論全球的厭女現象，」她說，「居然還要『給川普一次機會』？就算兩人沒有其他問題，這句話就已經讓我們玩完了。」

我請她解釋為何要下如此武斷的結論。「為什麼？因為川普主義不只是關於政治，而是一種世界觀，一種思想體系，和我所持有的正好相反。我不覺得在核心價值觀激烈碰撞的狀況下，你還能有一段健康的關係。」她馬上又肯定地和我說，她朋友也都是這麼想。

我問她，她所認識的人當中，有沒有人和她政治立場相同，個性卻合不來，以及可不可能有支持川普的合理理由（就算是被誤導）。她回答我，她不覺得投給川普有任何合理性，那意味著極嚴重的人格缺陷及可憎的價值觀。但她也真的承認，如果有位川普支持者能發現自己的選擇是錯的，並「在一年後改變看法」，她就願意考慮原諒他。顯然地，她沒有遇過政治上合得來、其他方面卻合不來的人。

再大的熱情，也無法減輕她對丹尼爾投票選擇的厭惡。丹尼爾被打入了十八層地獄，也馬上、永遠斷了他們再續前緣的可能性。她大大貶低對他性格的評價，一點通融都沒有。「他不支持平權法案，也不想聊宗教，因為他信神，而我不信。」他們的相異處多到可以列出一張很長的清單，但卻無法一一討論。因此，「到最後，我們完全沒東西可以聊了。」接下來兩個多禮拜，他們一定過得很尷尬。

「他個性比較極端，所以我們無法理智地談論任何事。」她說。顯而易見，她對於理智對話的定義是，交談各方都有相同的觀點。「我需要思想上有共識——那一直是我生命的全部。」她發現她正在辯解自己的言行，於是開始擔憂我對她的看法：「恐怕你會覺得我很頑固。」她說對了，但我認為她的訪客看來也一樣頑固、剛愎自用；

比起政治，個性是他們走不下去更大的因素。

要討論任何時事議題前，潔可琳的前提都是最後意見要完全一致，如果沒有做到，不管任何主題，對話空間都會被她關閉。但要在政治以外的範疇找尋共識，她無法設想。我們很難確定，丹尼爾討人厭的地方是不是多過吸引人的地方，或者潔可琳全盤否定丹尼爾是真的出於他的投票選擇，所以不管他說什麼、做什麼，都覺得無法接受。她沒有承認或提起，自己的批判態度以及毫不掩飾地輕蔑可能阻礙了想法交流。

他性格中的傳統特質本來很吸引她，但不足以讓她想努力解決兩人的任何問題，而妥協更不是她的核心價值。「我非常短暫地期待過，終於有可能找到和我父母一樣的傳統關係，但希望都破碎了。」她短暫地卸下防備說道。但她很快又恢復，並且斷言：「在他回到我生活前，我現在恢復了人生之前的狀態——享受單身，完全沒興趣再談一段感情。」

潔可琳已邁入高齡，之前又有過兩段失敗的婚姻，就算她和過往的愛人以前都是左傾民主派，重燃年少時代的愛火還是很難。然而即使他付出努力，冒著風險與她重新建立關係，她卻完全不願努力，毫無同理心地放棄他。相互磨合是任何親密關係的先決條件，因此更不能將政治理念當作關係問題的擋箭牌。

㈦

三十九歲的黛安娜・甘迺迪是名教師，人生中的創傷經驗教她何謂政治與基礎價值。她和潔可琳所下的結論非常不同，但是兩人的意識形態理念基本上相同，態度也一樣堅定。

黛安娜父親有五名手足，除了一人以外，其他人都是極端自由派，會發表相關言論，之中多數人也都是左傾的社會運動者。黛安娜稱他們「熱心關注政治」，而她也是如此，也和他們一樣，一直躲著大衛。大衛是黛安娜父親最小的弟弟，他反抗家中傳統，宣布放棄的天主教（其實家人早就不信了），轉而成為基督教福音派的虔誠信徒，並從其他家族成員居住的西北部搬到南部，還加入了家人最鄙視的軍隊。

雖然大衛是黛安娜的教父，因為他的右翼思想，她從來就都不覺得與他親近。父親的觀點與她非常相近，駁斥大衛的政治觀念是「原始人的思想」，黛安娜也有同感。在小布希第二次總統任期，有好幾次她和大衛因臉書貼文吵得不可開交，而最近他開始公開地發表一些言論，她覺得太偏向川普主義，於是又更疏遠他了。「他怎麼能認同這些事？」她很疑惑，「不管是在宗教信仰上還是政治思想上，我從未與他看法一致過。我以前真的不懂他。我從不覺得和他親近，他那麼保守，又像一個狂熱分子。所以我本來不明白有些價值和政治沒有關係。」

黛安娜在二〇一一年經歷流產，當時她心力交瘁，看到她認識的人對此事的反應，或者是默不作聲，她看事情的角度在此時第一次有所轉變。「我從沒主動聯絡過大衛或是他老婆，但他老婆是少數聯絡我的人當中的第一個，」黛安娜說，「她代表他們夫妻和我交流；她曾流過五次產，我從來都不知道。他們的體貼及同理心，是我從其他家族成員身上沒有感受到的。他們都如此善解人意，其他事真的沒那麼重要。我開始比較不在意我們不同的地方；這是我對他們看法的小轉捩點。政治與宗教真的不是那麼重要。他們很善良，而且主動聯絡了我。」

這件事讓黛安娜意識形態的盔甲出現了一道裂痕。然而，她深信政治是個人價值觀的基石，雖然有些受到動搖，卻依舊沒有改變，她也依然對於叔叔的保守派思想感到毛骨悚然。雖然她對叔叔開始有了新的認識，也感激在她需要的時候，他們夫婦給予她關懷，但是大衛的政治理念（大部分發表在他的臉書貼文上）依舊令她火大。「我當時真的很熱衷於自由派思想，」她說，「我會發政治文，他也會。看到他一些具煽動性的言論，我無法克制地想回復他，想改變他的觀念。如果他吸收了我所知道的資訊，他就對明白自己錯在哪。我當時不明白，和他辯論最終只會讓他更加固執己見。我會這麼做，是認為叔叔與嬸嬸擁護的政策會傷害別人，他們身為基督徒，怎麼會相信那些事是對的？我堅信自己的觀點為真，如果他總是在否定，我無法忽視不管。」

「就在二〇一六總統大選之後，我做了一些事，之後很後悔，」黛安娜坦承，「大衛的兒子分享了一段酸自由派的《週六夜現場》小短劇，我回了留言，對他兒子人身攻擊。他兒子支持川普，我覺得很噁心。我那時不知道大衛自己並不支持川普，只知道他女兒變得比較自由派，所以我就留言給大衛『至少你女兒學會了批判思考』──真的酸爆，表面上是稱讚他女兒，其實是譴責他。後來我有一陣子都沒他的消息，他沒跟我計較，很有品，這讓我更火大了，因為我才不想被人說我沒教養。網路社群很不好，讓我們更容易說錯話。」黛安娜認為需要為自己的偏見及網路上的謾罵負責，不管左派或右派，少有人有自覺這麼做，我很佩服她。

黛安娜對叔叔整個人的評價漸漸變好。觀感總是慢慢改變的，畢竟人與人許多對立的看法是源自堅定的信念，對於我們對於所愛或欣賞的人有認同感。在這個案例中，黛安娜父親是個鐵桿自由派，不斷否定他的小弟，只和政治理念與相近的手足親近，卻忽略他們性格上的缺陷。黛安娜要改變態度，不只要以不同角度看待大衛的行為，還要放棄形塑她與其他人世界觀的思想，並建立自己的想法。家族中沒有一個人和她站在同一陣線。

然後，六年後，一連串悲慘、可怕的經驗讓黛安娜有契機改變人生。過程中，大衛在黛安娜眼中更加閃閃發光了，不只是因為他做的事，再加上原本以為能仰賴的人都令她失望。黛安娜的祖母、伯祖父及父親接連去世，大衛一人將事情料理妥當。她父親的絕症尤其折磨人，拖得最長。「大衛在場，」她感激地說，「他比所有叔叔阿姨住得都遠，還有六個孩子要照顧，他很忙。但他一直在我身邊，非常可靠。他過來看我們，打點一切，處理所有事情，包括賣了奶奶的房子。他待在我爸床前，直到他嚥下最後一口氣，在那之前其他人都已經離開了。三人去世，他都在現場。」

就像家庭危機中時常有的狀況，親戚之中總有怨懟及爭吵，而大衛就負責調解。

「我的兩個阿姨對她們的妹妹，也就是我的三阿姨，並不和善，」她告訴我，「但大衛很善解人意、很體貼，比其他人都體貼，幫的忙也比其他人多太多。」

「其他人」指的不僅包含只顧自身利益的家族成員，更包含和她想法相似的朋友圈，當親戚讓你失望，或離你而去，照理來講，他們會來找你，然而她的自由／進步派朋友們表現得和她親戚一樣差勁，甚至更爛：「我在朋友圈感受到的失望，就和在家族中一樣慘。前兩年我一直在參加新世紀運動的談話社團。每兩個禮拜集會一次，討論像羞恥感這類深層議題。因為他們是伯尼的鐵粉，我和他們開始漸行漸遠。我有一陣子住在右派州，還去當希拉蕊的競選志工，他們因此判定我不是真正的信徒。」黛安娜的父親去世時，團體裡沒有一個人（很多人就住附近）打電話給她，或是去看她。「他們沒有一個人聯絡我，」黛安娜告訴我。「我很崩潰，這些人竟然覺得在臉書上留個言就夠了。」

自從大衛的妻子打來那通安慰的電話後，黛安娜的心態、想法便開始有些轉變。再加上其他親戚、朋友們的種種表現，黛安娜點滴在心頭，結果就徹底改變了自己的想法了。「這些事情讓我明白，永遠不該自信滿滿，理所當然以為誰就會陪在身邊陪你，」她說，「人們會帶給你意料之外的失望與驚喜。儘管其他親戚與我政治理念相似，但在他們身上找不到我叔叔的忠誠與高尚品格。」她現在知道，政治理念相同的人，價值觀不一定也相同。「我更能接納叔叔的觀點了，」黛安娜說，「像是忠誠等傳統價值。」

黛安娜有生以來第一次發現，政治雖然能用來代表立場、表達自己看重的事，但也可能因而盲目不明事理。她說：「如果你不拘泥於政治立場，就能看到別人的許多優點。從所做所為來看，跟其他政治立場與我相同的人比起來，我還比較欣賞叔叔保守派的個人價值觀。」我接著問，叔叔帶來的啟示如何改變了她？「我開始懂得欣賞，不管是什麼立場的人，同情心、同理心、榮譽感、忠誠及可靠都是無價的優點。只有超脫政治立場，你才會對此有所領悟。因為家人的政治立場一致，我以前總覺得自己很幸運。別人曾和我說『感謝老天，你家裡沒有保守派的人』，但是當你發現何謂人性，就無法不放在心裡或忽略它。我們不能把所有保守派的人都說成是種族主義者或什麼壞蛋。」她發現，現身陪伴就是愛的表現。

除了大方承認自己的心態有轉變，黛安娜還向叔叔表白，她之前一直對他的品德視而不見，並請他原諒：「在喪失至親的傷痛中，我與他開啟一場對話。當時我爸的狀況越來越糟，大衛和我在房子的地下室一起處理事情。得不到其他人的回應，我十分沮喪。我總算明白他所做的一切。」我跟他說：「我非常感激你，也欠你一個道歉。我對以前的行為感到羞恥，很抱歉在臉書上講了一些有關政治的蠢話，那些事真的不重要。你在緊要關頭總是如此值得信任、依靠。我真的很感激。」然後叔叔給她一個擁抱。

☮

為了琳達，尼克在剛交往時便撕除了保險桿上那張川普的惡搞貼紙。而琳達也和黛安娜都了解到，長久、真實的基本價值是由什麼所構成，並懂得要以它們來判斷人的重要性。「我以前總覺得政治反映出人的核心價值，但現在知道不是那樣，」琳達告訴我，「真正的核心價值、唯一重要的事，就是在乎對方的感受。遇到尼克之前，我用政治立場定義自己，但我從經驗中學到，經營關係和政治理念沒有關係。保持善良與尊重，並主動回應來建立更深的連結，這些才是核心價值。」

從甘苦交織的經驗中，黛安娜與琳達開始相信我所謂的「人際關係化療測試」。我曾經因急性白血病住院一個月，因而想出這個理論。當時我注意到，有一位親密好友，平時與我政治立場相同，心意也相通，但那時卻完全沒有來看我。相較之下，我有個鄰居是虔誠的天主教徒，在政治理念上跟我完全不同，卻給了我數不清的幫助。當然我的右派丈夫也每天都來，讀珍・奧斯汀作品給我聽，一讀都是幾小時，甚至許多晚都睡在地板上，因為我太害怕獨處。基於我的經驗及他二十七年前自己抗癌的經驗，他造出了「人際關係化療測試」一詞，他的話刻在了我心上：「當你躺在病床上，做了靜脈注射化療，若有人一路陪在你身旁、面對這一切，你不會在乎他有什麼政治傾向。」

第九章
從事物的原貌發現愛

現在，你已經看過各式各樣左右派的人物與伴侶——固執己見或心胸開放的、年輕或年老的、直言不諱或沉默寡言的、信仰虔誠或無信仰的。他們都有一個共通點：強烈反對所愛之人的政治理念，並想要改變彼此互動的方式。

他們都察覺到關係出現危機，希望修補破損的關係，也願意採取行動。這是好事，否則深陷政治對立的泥沼中找不到出口，無助的感覺往往會使人覺得改變是不可能的。

他們學到了什麼？他們大部分的人都表示，在這個沉重話題中探索，確實讓他們學到重要的事情。而我們又能從他們身上學到什麼？

令人高興的是，經由訪談，他們得到思想、行為上的啟發，大家幾乎都擺脫了原本的窘境。過程中，他們漸漸了解自己，也發展出新視角，發現在表面的政治衝突下，潛藏了真正的問題。接著他們與對方進行深入對話（有些人甚至是第一次這麼做），不僅收穫良多，也更了解自己以及對方在關係中的付出。明瞭這些事情後，他們改變了看待彼此關係的角度，也能懷抱希望，從窘境中解脫、開啟新的可能性。他們不再只以意識形態為本，而是從心理學的角度出發，重新了解彼此的政治衝突，也知道如何進一步改善。

他們還發現，原來自己有多執著於「頑固的希望」。以前他們相信，自己只要夠努力，就能改變對方的觀點。現在才了解到，為了這個無望的目標，自己太急切又徒勞地投入太多心力，在關係中造成許多摩擦。

我很訝異，受訪者都同意我所觀察到的事，能夠聽取建議，也願意實際應用。有些伴侶的相處方式根深柢固、難以改變，但居然也做到了。我想幫助他們探索內心，為不斷重複的可怕爭執找到心理根源，其潛藏的問題通常和政治無關。令我驚喜的是，他們都能找出解開癥結的答案。要了解彼此真正的問題為何，通常只需要以不同的角度看待彼此的互動，而許多受訪者從沒這樣嘗試過。然後，他們便能進一步思考，怎樣的行為造成了衝突，以及背後到底有什麼問題，而不是一味地指責對方。無法溝通的問題不在政治歧見，而是性格或態度上的碰撞。

每次看到他人內心想通了什麼，我都會驚喜又受到鼓勵，這代表了，就算看起來最無藥可救的衝突，也不是不可能和好。讀者們能以此獲取信心，並效仿在書中讀到的許多案例，看看那些人如何靠自己改善關係。關鍵是自我省察。

克里斯多夫．德瑞克的轉變是最強而有力、鼓舞人心的例證，他展現出了洞察的力量。克里斯多夫的母親為了他的政治觀點，不斷攻擊他、羞辱他。我問道，為什麼他堅持要和母親爭執，他說因為不想像他父親一樣消極。他聽到自己說出這番話之後，有助於他想通，主動拒絕與母親交戰其實才是掌控局面的方法。克里斯多夫以前從沒想過，原來這才是父親沒做到的。許多人只是想法上需要啟發，一想到方法，都能睿智地處理。

我也很訝異，當我提供受訪者們不同的解決方法時，他們都願意聽，並改變討人厭的行為。費莉絲．霍爾珀林的丈夫馬克被逼得在地下室偷偷看福斯新聞。她也承認，自己經常不顧丈夫意願，就塞文章給他讀。我告訴她必須停止這種行為，她居然一口答應：「我做得到！」她也實現承諾。對她丈夫以及夫妻關係來講，這是非常大的轉變和進步。

史蒂夫．尼爾森在網路上跟人嗆聲吵政治，成功地讓所有家人都疏遠他，但也會怕他的舉止會讓他失去最愛的姊姊希拉，希拉也是最後一個會和他連絡的親人。我建議他，不要用網路傳訊息，最好用電話或當面跟希拉表白，強調她對自己有多重要。史蒂夫將我的建議放在心上，他們的關係因此就修復了。

政治立場不同時，最重要、最基礎的事，是要有維持關係的強烈欲望，一切都從此開始。當你願意檢視自己的行為及其根源，並願意以對方的角度看自己，盡可能地敞開心胸傾聽親密伴侶的話，並調整自己的行為，關係就會改變。

檢視你自己的行為如何導致兩人爭執，有這樣的自我認知，你們的關係才真正能從衝突轉為合作。雖然對許多重要的政治議題你們依然有歧見，並且可能永遠不會有共識。無可避免地，無論兩個人意識形態是否一致，總是會有一些根本的分歧，至少性格就不同。幸好，洞察可以帶來同理心，每個人只要努力，就能培養這種能力。我的研究顯示出，當你有不同的行為，對方也會跟著有不同的反應。

自我分析是值得投入的浩大工程，它所帶來的好處遠遠超過不吵政治。一旦你決定進行自我分析，就能看到過去與現在的連結，以及政治與其他事物的連結，這些都是你以前不曾注意到的。沒有什麼事能比發現自我更驚奇、更有收穫了。

你可以放心，你的理念無需變動。產生同理心不需要以一致的觀點為基礎，就如同迪倫・馬龍（Dylan Marron）所說：「同理心不代表完全支持對方。」迪倫是我播客節目的來賓，他自己也有主持播客節目。一定可以找到政治之外的許多共通之處，因為就我們所見，政治絕不是表達基本價值觀的唯一途徑。我們必須承認，政治觀點不能作為道德評斷的基礎；否則的話，自由派就不可能相信擁護持槍權或反對墮胎的人，就不會覺得對方值得愛、讚賞與尊重。有時我們還是會十分欣賞政治立場不同的人。

所謂真愛、永恆不變的伴侶，絕不是像照鏡子一樣面面相通。

如何自己診療自己的政治病

要如何自己進行我對訪談對象所做的事呢？

首先分析你的爭執模式。找出你做了哪些事造成爭執，就能快速展開改變關係的過程。你可以靠自己，無須藉助他人之力，清楚地評斷自己在關係中扮演的角色，你能馬上開始實行。一開始先不要害怕，盤點你自己討人厭的行為。如果以下的敘述聽起來很熟悉，就要多加留意。承認這些症狀，就可以治癒政治病，或至少緩解狀況。

症狀檢查

症狀一：你刻意用充滿敵意的評語開啟政治「討論」。例如，「你有看到川普今天在推特上發的無恥言論嗎？」。

症狀二：就算對方安靜下來，離開位子、要求你停下來，清楚地表達不想要參與討論，你還是不斷地評論新聞。

症狀三：你不斷拿與自己觀點相同的新聞評論轟炸對方，卻拒絕閱讀、收看或聆聽任何其他立場的資訊。

症狀四：你清楚地表示，對方要為民主制度與美國精神的崩壞負責，因為他做了錯誤的投票決定。

症狀五：你很少以正常的語氣談論政治，總是大吼大叫或哭泣。你很常表現出不屑的樣子。

症狀六：一找到機會就要延續上次的吵架話題，也不管對方的感受或意願。

症狀七：對方講了什麼挑釁的話，你總是上鉤想反擊。你老是找藉口：「我就是克制不了自己。」

症狀八：對方的觀點讓你超火大，你完全看不出當中有任何價值或正當性。
改變對方觀點是你唯一的目標。

在政治對立變得更嚴重、引起更多爭執之前，現在就是你開始自我檢視的時候。然而，你要如何找出藏在政治爭執下的情感根源？下面一些問題可以刺激思考，讓你探究自己的情緒根源，以及你怎麼對待立場不同的家人或伴侶。這些問題我會讓受訪者回答，也會拿來自我反省。保持開闊的心胸，即使答案很不堪，或喚起痛苦的過往及感情經歷，也試著去接受。有耐心，就會有所頓悟，終將如釋重負。

請明白，只要一展開自我探詢，就有助於找到答案，找出政治爭執背後的真正糾結，避免它一再撕裂關係。專注解讀於情緒的意義，觀察那些一再重複的惱人經驗，它們會深深烙印在心裡。若能辦到，你就能從表相通往意識深層。為了讓你成功卸下武裝，找出爭執的根源是必要的；接著你便會清楚了解到，所愛之人並非你的敵人。

我也建議你注意自己的夢，它們往往未經修飾，也沒有被善加利用。無意識會透過它們跟你溝通。夢境能顯示清醒時沒有意識到的真相。梅根的父親因政治理念不合而惡狠狠對待女兒。梅根曾夢到父親去世，然後從棺材裡坐起來發表自己的輓詞。這個夢有些詼諧卻精準地預言到，直到人生最後一刻，她爸爸都會掌握決定權。

進行自我探究的基本原則就是問自己，潛藏在政治爭執背後的起因為何，心理議題如何透過政治歧見顯現出來。表面上的爭執理由無論多合理，也不要受其迷惑。就像在我們訪談中所見，將注意力從政治轉到心理因素，便能揭開政治爭執的真相。

五個自我探究的基本問題

這些問題有助於你發現養成政治爭執模式的人生經歷或心理根源：

問題一：對方的行為、性格是否使我想起家裡的任何人？

問題二：為什麼和這個人爭執會讓我這麼生氣？在政治範疇之外，過往的人生中有這樣生氣過嗎？

問題三：我只是想要對方傾聽我的觀點，或其實企圖想改變他的想法？這是否重現了我過往哪個經歷？

問題四：我為何會如此急切地想讓對方接受我的想法？

問題五：除了政治以外，兩人在相處上有什麼部分讓我很不滿？為什麼？如果伴侶不想談論某些新聞議題，或是我意識到再怎麼談都不會有結果，為什麼我還是堅持要講？

給政治對立的你們一些建議

除了努力進行自我覺察，釐清自己過往經歷的問題根源，你也可以在下次談政治時採用「政治達人保證不再吵架的十大妙招」，自我覺察的效果必會加乘。

以下的篇幅彙整了一些建議，教你如何從自身做起，轉變在政治對立下焦躁不安的氛圍。經由自我覺察改變自己的行為，就能帶來轉化，如同微笑表情已被證明能讓人更開心。以下的建議取自我的生活經歷、心理治療的工作經驗，以及最重要的，是受訪者們教我的事情。銘記於心並且加以實踐，就能帶領你跨越政治對立的鴻溝，還會有許多正面發展。只需誠心努力，就比較不會那麼生氣，情緒也會比較穩定，而對方也會注意到你的改變。就如同許多受訪者的經驗，你也會發現彼此變得更親密，也更能接受政治以外的歧見。比起原本就立場相同、無需協調的伴侶，你們會更珍惜這段關係。

我所給的建議很多像是常識，但從生活與工作中我發現，如果內心有障礙、幻想或是隱藏的意圖，就算知道應該怎麼做，也很少會落實。因此我相信，推測並探究所有可能的阻礙，找出自己對不同立場的態度、偏見及想像，是必要的事情。打破與異溫層的固定互動模式，是非常重要的。

政治達人保證不再吵架的十大妙招

第一式：切勿提高音量

就算只是大聲一點點，對方也會覺得你在大吼大叫。提高音量保證會讓敵意上升，對方自然就停止溝通，不再聽你講話。如此一來，就不可能有理性討論的空間。

第二式：朋友之間絕不喝酒聊政治

即使在完全清醒的狀態下，談論敏感話題都很難好好應對，更不用說是幾杯黃湯下肚之後。

我所訪談的挺川普同志伴侶——彼得與杰克，以前習慣在喝幾杯之後開始吵政治，爭論總統的人格。最後無可避免地大小聲起來（謹記「第一式」）、摔門。有一次還吵到砸爛手機，不久後他們達成了共識，絕不會再喝酒談政治。請以此為借鏡。

第三式：千萬不可不顧對方的意願，就將文章或網站連結塞給你的伴侶、親人或朋友，無論那個議題有多重大、論點多麼符合你的立場。

如果你一定要和朋友或伴侶分享特定黨派立場的文章，就要照哈利與艾倫的方式。艾倫先寫紙條問道：「哈利，如果我給你一篇文章，表達我在某個議題上的觀點，你願意讀嗎？當然，我也會讀你寄給我的東西。」

不過他們很少要對方讀。

我還提供一個小撇步：表達意見時用自己的話，不要引述「專業的」外部資料，否則只會將對方越推越遠。

第四式：如果兩個人遇到某個話題就聊不下去，那就不要談。

對於某個敏感議題，有許多與你立場相同的人能討論，你不用硬要去找無法進行理性對話的人。你知道什麼事不能聊。要和對方達成共識，有意識地避免衝突破壞關係，不要打破這個默契。想進入成熟的關係，至少得先承認，有些事一談就只會引起彼此的痛苦。

你依舊能忠於自己的理念，無需強加在沒意願接受的人身上。

第五式：討論政治時，開頭千萬別說「你們那派的人怎麼會這麼認為……」。

這不是對話的開場白，而是譴責。表現出厭惡或鄙視的態度，他必定會被激怒，拒絕與你交流。在羞辱對方之後，你們不可能繼續進行理智、和善的討論。

第六式：如果與你同陣營的人當眾嘲諷、侮辱你伴侶的政治觀點或人格，你有義務挺身捍衛。彼此都要為對方講話。

不吭聲的話，等同於背棄你的伴侶。

第七式：若伴侶、家人跟你立場不同，就別去讀他們在社群網站上的政治貼文。你可以料到他會在社群網站上貼什麼，卻忍不住想引戰（請看「第五式」）。雖然網路評論是公開的，但這件事跟偷看對方的日記沒兩樣，是個禁忌。

第八式：永遠不要用電子郵件或簡訊吵政治

寄電子郵件或傳訊息似乎比較簡單，但很沒人情味，會傷感情，更容易造成誤會。如果你真的想討論並找出解方，就應該打電話、親筆寫封信或安排見面。

第九式：不管你有多討厭他的立場，都要相信他的誠意與善意。

相互尊重是理性討論的先決條件，也是愛的必要成分。

第十式：接受現實，吵政治沒有贏家。

想清楚，你永遠也無法改變對方的想法，不管是政治還是其他方面，所以別再嘗試了。只要你放下那個念頭，你們馬上便能禮尚往來地重啟溝通。不暗自抱持任何意圖，只是單純說明你自己的立場，這才是有效的溝通。

我們都會幻想自己有說服他人的能力，可以改變別人，尤其是我們重視的人。其實我們對他人的影響力很有限，但自己不願面對現實，所以才會感到無助。在感情以及政治上，若能承認自己影響力有限，遵循此原則，就會產生正面效果。放棄不可能達成的目標，自然就能提升對話品質，贏得對方的信任，甚至挽救你們的關係。

慎選媒體

特定黨派立場的媒體控制了我們的政治生活，若要讓善意戰勝一切，我們必須設立規則，篩選自己接觸到的資訊，防止有害的影響。今日在電視或特定立場網站上出現的政治人物及名嘴評論員，一同創造了親密關係中政治對話的範本，而且是有害的那種。若效仿他們吵嘴的樣子，不管是為了討論政治或是經營其他人際關係，都會迎來兩敗俱傷的結果。造成政治爭執真正的罪魁禍首，就是像肖恩·漢尼提（Sean Hannity）及瑞秋·梅道（Rachel Maddow）[20]這樣的人物，而不是我們的伴侶。我們一定要有意識地努力不模仿他們。收視率的蜜糖是關係的毒藥。惡性且讓人上癮的媒體內容，破壞了伴侶真誠溝通的能力，無法在意見不同時保持和氣。減少接觸這些資訊有助於你的關係發展。

如何不像電視名嘴那樣談政治

為了要保護你們的關係，不受偏激評論員的侵擾，在瀏覽媒體時，請遵守以下生活準則。

20 編註：瑞秋·梅道是自由派的政治評論員，也是第一位在新聞黃金時段擔任主播的女同志。

首先，如果你的房間裡有電視，請移走。電視媒體人約翰．阿弗隆和瑪格麗特．胡佛的房間裡沒有電視，你也做得到。為尊重並維護兩人的親密關係領域，一定要拉起一條封鎖線，無論是實質的還是象徵性的。把政治放到合適的順位，永遠排在真正重要的事之後。

第二，偶爾要求自己或和對方一起收看、閱讀立場不同的新聞，但內容要一定理性、有憑有據。這樣的資訊很難找，但一定有。你可以請對方推薦，且冷靜下來聽聽對方的看法。

第三，若你們選擇一起看新聞，打開電視的那一刻就請調低你自己的音量。克制自己，對你所看到、聽到的，不要做出魯莽無禮的評論。你有權選擇自己不想聽的資訊，也就不能管制對方想看什麼，不然人類為何要發明耳機。

第四，如果你選擇和對方一起收看福斯或MSNBC電視臺[21]，就得將負面評論藏在心裡。畢竟，比起證明自己的觀點是對的，你們的關係更重要。你要丟掉那個念頭，不要想說服對方支持自己觀點。否則，就算你沒說出口，對方也會憑直覺知道你的意圖，到時絕對沒好事。

第五，對於立場不同的你們，社群網站的危險程度絕不亞於傳統媒體。你可以在社群網站上暢所欲言，但記得對方也看得到，所以還是要謹慎。此外，絕不要刪對方好友！

維持談論政治的老派禮貌

如今，與家人或伴侶討論政治變得像肉搏戰一樣血腥，因此我們迫切需要一套當代談論政治的指南。就我所知，最好的範本是前總統華盛頓的《與人相處和談話的文明守則與得體舉止》（*Rules of Civility and Decent Behaviour in Company and Conversation*）。這位美國首任總統以外交手腕聞名，他在年輕時親手抄錄這些原則，並一生遵循，畢竟他終其一生總是在和政敵交手。這本指南教導大家如何體諒、關心

21　譯者註：MSNBC是國家廣播公司旗下的有線新聞頻道，立場偏自由派。

他人的感受。受到華盛頓的啟發，我提供以下原則。

政治立場相衝突時的交談技巧與準則

準則一：討論政治時，勿採取大家一直愛用的激烈爭執手段，請用以下方法取代。

賽馬法：像討論運動比賽一樣談政治，選手是誰？誰領先，誰殿後？

魔鬼藏在細節法：討論政治理論或是具體政策。哪個計劃能保障更多人的權益？金正恩是否會卸除核武？對方的立場是怎麼看待某事的？對於喜歡鑽研的政治宅男宅女，這個好選擇。

學術交流法：不要帶有任何隱藏動機，互相解釋自己的立場以及理由為何，講出不懂或有疑慮的地方，並試著找出和對方的共通處。我個人最愛這個方法，因為我發現，和立場相反卻有想法的對象這樣談話，有趣又能增長見識。

準則二：不要只是講話，多問問題。與其以全副武裝的姿態開啟政治討論，不如試試看問對方：「為什麼你們陣營會有此觀點，可以和我解釋嗎？」然後傾聽對方的說明。如此一來，火藥味馬上能減弱，也能轉移焦點。但此方法只有在你真的想要知道對方觀點時有用，口氣要充滿尊重而非有意指責對方。

準則三：不管討論任何議題，絕不要推翻、不屑或是痛斥對方的觀點。你可以承認自己強烈反對，但不要逼對方接受。

準則四：採用心理治療師奉行的原則，面對對方的抵抗及辯護，絕不直接攻擊，這只會讓對方固守自我。相反地，你可以真誠地找尋共識，試著理解對方。要小心，不要在談不出任何結果的情況下直抒己見。

準則五：記得，既然你都有正當理由支持自己的觀點，對方當然也有。你得放下念頭，不要想嘲笑、改變或扳倒他。如此一來，同理心便能產生，為真誠的對話立下基礎，朝向相互尊重的關係。你可以承認自己的原則，但不要嘗試說服對方。

準則六：克制自己，不要打斷、侮辱對方，或是以其他方式表現出鄙視對方的觀點，這樣做沒有任何吸引力或說服力，絕對沒有。

準則七：表達自己的意見就好。絕不要為了支持或證明自己的觀點引用專家的論述，房間或飯桌不是公開演講或發學術論文的好地方。

準則八：如果有人問你，對於某一重大議題，你的伴侶有什麼想法，請這個人直接去問當事人。不要和他人聯合起來對付你最重視的人，也不要為了他的立場向別人道歉。

準則九：時常提醒自己，對方是獨立的人，其觀點不是針對你，而是他身上不可或缺的部分。

準則十：培養「沉默的才能」。華盛頓就有三緘其口的能力，認識他的人都很欽佩他。要培養這種能力，需要非常多的練習，但終會有相當大的收穫。

準則十一：討論彼此說話的方式。列出你們的敏感話題，並討論要怎麼處理。每對伴侶都有不同的需求，解決方式也不一樣。我們夫妻的地雷話題，就盡量避免討論，或只是抽象地談個大概。

準則十二：前總統華盛頓說：「我們必須接受人們原本的樣子。」他所展現的包容心是美國民主的基石。將這句話當成你的目標。

準則十三：區分什麼話可以對立場相同的朋友說，什麼能和伴侶說。

準則十四：默默為自己的信念付出，不要向對方宣告；建議伴侶也這麼做。

準則十五：不管對方的政治立場為何，想想你愛他哪一點，欣賞及珍視他的哪些特質，直接告訴他。

如何判定這段關係是否有救

有時候，即使得到最好的建議或是投入最真誠的努力，達成和解及維持和平的效果也很有限。該如何判定，在竭盡全力後，這段關係是否真的能維持、改善，或是有所變化，還是說真的沒救了？遇上政治分歧，你可以學習掌控自己的怒氣與挫折感，但無法改變對方的基本性格。有些人的個人特質，包含政治理念以及表達理念的方式，永遠都和你合不來。無論你抱持何種希望，情況還是一樣。許多人就是無法忍受伴侶在重大議題上和自己意見不同，像是槍枝管制、移民或墮胎；跨越立場的愛對他們來說行不通。你必須找到政治領域之外的充分理由，才能忍受你不喜歡的部分，在性格脾氣方面也一定要合得來才行。這點不只是應用在伴侶上，也適用於朋友身上。

舉例來說，珊蒂・卡普蘭每天都找她丈夫丹吵政治，但是丹卻明智地沉默以對。

他為何能容忍她對兩人政治分歧的敵意呢？「我欣賞她所做的所有其他事。」他告訴我，撇開他最近剛成為川粉，他們都欣賞彼此的其他特點，婚姻雖有動搖，卻依舊完好。然而，凱蒂・克萊克就必須放棄另類右派的男友克里斯・施瓦茲，因為她了解到，他那討人厭的政治理念已經融入他的性格中。他不給她任何反對的空間，不尊重她的感受。當她提出異議，他便以充滿仇恨的口氣指責她。克里斯很聰明，但越相處珊蒂只會更加痛苦、憤怒。她最後判斷，他有嚴重的情緒障礙，遠超出意識形態的問題。她知道離開他是對的，把他逐出生活之外後，她著實鬆了一口氣。

也有人在關係中深愛彼此，但討論政治的興趣大不相同。卡羅斯和南希就是個例子。他們十分相愛，很能同理對方並互相欣賞，所以才能忍讓彼此，對於能否討論的事情做出妥協。當然，這份妥協有多值得，他們從沒懷疑過。

著名詩人羅伯特・佛洛斯特（Robert Frost）曾說：「從事物的原貌發現愛。」（We love the things we love for what they are.）試圖改變所愛的事物，便是破壞了這份愛。

如果你需要新的啟發、一個令人驚喜、罕見的例子，那就看看最高法院大法官露絲・拜德・金斯伯格（Ruth Bader Ginsberg）以及安東寧・史卡利亞（Antonin

Scalia）[22]這對好友。他們在最高法院共事期間，在各個爭議案件中幾乎不曾有一致看法。直到二〇一六年史卡利去世前，兩人一直是感情深厚的摯友。他們共處的時間很長，卻從不聊政治。他們有多欣賞彼此，就有多討厭對方的立場。在一齣描寫他們關係的喜歌劇《史卡利亞／金斯伯格》裡，歌手的對唱道盡了一切：「我們不同，但我們是一體。」

就讓這首歌成為頌歌，獻給所有政治立場對立的伴侶。

我還想跟大家聊一聊另一對政治上很不對盤的夥伴。對他們的關係我知道的內情可多了，也知道這兩人是如何連結起來的，他們的友誼如史卡利亞和金斯伯格一樣恆久。這兩人就是我丈夫理查・布魯克海瑟（Richard Brookhiser）和我本人。

我主要想談的是兩人婚姻中脫胎換骨的部分，這個改變讓我驚喜，我自認是我們兩人共同的成就。關鍵在於，在墮胎與生命權的議題上，我們如何面對彼此完全相反、永遠不能妥協的觀點。我們所堅持的理念是最嚴重的爭執起因，可能造成關係破裂，但我們處理歧見的方式卻徹底改變了。相識四十二年來，我們的觀點從沒改變。當我發現彼此的觀念差異有多嚴重、有多根深柢固，就完全無法想像情況會改變。我很早之前就清楚，兩人所堅持的立場與信念難以撼動。在墮胎與生命權的議題上，不管我們多努力，都不可能有人妥協。長久以來我都不抱持希望，不相信有方法可以提起這個話題，哪怕是打招呼時順帶提一提也不可能。

理查和我的政治背景與出身大不相同。實際上，我接觸過的人事物都是自由派。自由主義在二十世紀末成為主導社會的意識形態，連我共和派的父親在社會議題上都持自由派的立場。理查則是堅定不移的鐵桿保守派，他父母是堅定的右派，自己也為右派陣營工作。我們相遇時，他是《國家評論》的資深編輯，那可是保守派的主流評論刊物，創辦人是小威廉．巴克利。如果當年不是是那個機緣，兩人絕不可能相遇：我們當時是某個合唱團的團員，在紐約街角免費獻唱文藝復興時期的宗教音樂。從一

22 編註：露絲．拜德．金斯伯格是美國第二位女性大法官，是自由派與女權運動的捍衛者。安東寧．史卡利亞是保守派的大法官，他是天主教徒，支持合法持搶，反對墮胎與同志婚姻。

開始，對音樂的熱愛就將我們結合在一起，我們的美學品味及在政治領域外的知識與趣都出乎意料地相同。我們的婚禮是個大雜燴：我的導師牽我進禮堂，他當時受麥卡錫主義牽連而失去了終身教職；理查的期刊發行人在婚禮上朗讀獻詞，他卻是麥卡錫參議員最狂熱的支持者[23]。有一個朋友俏皮地說：「政治上沒有永遠的朋友，婚禮上沒有永遠的敵人。」當時每個人都舉止有禮。

在一起的前幾年，政治討論時，理查表現得比我有禮。因為他是專業的政治評論寫手，有很多機會透過文章或與同事討論來發表觀點。但我習慣說出自己的想法，我當時才三十三歲，無法想像在家裡還要嚴格地自我審查，或是基於禮貌，伴侶間不該提起某些話題。我承認，自己當時偶爾會小聲說出一些不應該說的話，但他沒有回嘴，我也沒有繼續講下去。

一九八九年，我們的婚姻來到了低谷。有天我吃早餐時，在桌上讀著《紐約時報》的頭版。報導寫著，關於韋伯斯特訴生育健康服務部（Webster v. Reproductive Health Services）一案，最高法院做出判決，允許州政府嚴格限制墮胎權。我立刻明白，保守派傾盡全力要推翻羅伊訴韋德案的判決（Roe v. Wade）[24]，而這只是第一步。羅伊訴韋德案對我而言，是實踐自由與平等最重要的基礎，而我卻失去它了。我小聲地說：「一切都完了。我一定要上街頭抗議、參加遊行。」理查應該有聽到。面對我叫陣，這次他與往常不同，嚴正地回應：「你去你的場子，我去我的。」

幸好當時我還記得不要反擊，不要讓緊繃的氣氛惡化成真正的戰事。這一仗打下來雙方沒人會贏，不會有任何成果，卻可能會毀壞我們小心建立並珍惜的一切。在那之後一整天，我們都保持距離。以前不管是談政治或其他議題，都沒有這樣冷戰過，真是折磨人。我感到孤單、失落與恐懼，他也好過不到哪裡。

那天晚上，我們對此分歧達成共識，正式放棄這個議題，永不再提起一個字。我們懸崖勒馬，從哪時起就不曾靠近那個地雷區。我捐助了許多相關組織，以表我對此

23 編註：從一九四〇年代起，在美國參議員約瑟夫．麥卡錫（Joseph McCarthy）煽動下，為了防止共產黨滲透，政府開始調查、審問人民。

24 編註：一九七〇年代，化名為羅伊的女子意外懷孕，卻找不到合法的墮胎管道，後來便委任律師控告德州州政府。最高法院做出判決，判定州政府違憲。

議題的態度，他也做了一樣的事；但我們沒有逼對方接受自己的觀點或行動。我並不覺得這麼做有違我的原則，或是辜負和我站在同一陣線的人。

經過那次接近慘敗的經歷，我還是又花了十年才完全接受，兩人的政治鴻溝真的很難拉近。但在其他方面，我們確實大部分都有共識。我漸漸地接受，不管我的說服力有多強大，都不可能改變他的想法。他是那麼堅定且打從內心堅信自己的理念，我也是。既然如此，我又要如何指出他錯了？他從沒有嘗試改變我的想法。在婚姻中，道德越高的地方越危險，如果你還站上去，那就是咎由自取了。

和立場與自己極度不同的人一起生活，你會開始思考，自己心中真正的信念為何？為何抱有如此信念？奇妙的是，你的信念其實會因此更加堅定。我相信，我愛人的政治理念沒有比他的性格更重要，後來我們的生活經驗證實的確如此。無論如何，理念只是性格的組成成分之一，而我丈夫有他獨一無二的性格。

韋伯斯特判決事件二十五年後，有天我又在早餐時讀了《紐約時報》的頭條新聞，報導寫道，德州大部分有墮胎服務的婦科診所被迫關閉，急需求助的絕望女性被逼上絕路，幾乎找不到其他協助的管道。我在二〇一四年的反應和一九八九年時如出一轍，但表現卻不同了。我只說：「這件事讓我深感憂慮。」我的丈夫什麼都沒說。我默默地捐了一筆錢，並私下慰問和我立場相同的人（他應該現在才知道這回事，如果他有讀到這段）。

墮胎權議題永遠都會出現在新聞中，絕對不會消失。最近我又有機會要回應此議題，在二〇一八年五月，愛爾蘭在公投中通過墮胎權，同時間美國卻再次奪取我們的墮胎權。這次，我隻字不提。反而丈夫向我提起了這則新聞，口氣中絲毫沒有憤怒，好像只是在講一件我會感興趣的事。我覺得我們倆的反應都很棒。

然而，最棒的還在後頭。這一章是本書的結尾，也是我最後有機會能表達，在跨立場的愛情中最重要的是什麼。我反覆修改，斟酌著要保留什麼、刪去什麼。這種事不管做幾次都會讓人煩惱。「這總是最難的部分，」我和理查說，他寫過十三本書，是個老鳥作家了。我知道他懂，也知道我的難處。他總是鼓勵我相信自己的判斷，而我也全然地信任他。「我不願意刪掉一些內容，擔心以後會後悔沒放進去，」我說，「但我知道，就像瑪莉・麥卡錫（Mary McCarthy）[25]說的『你必須殺掉你的寶寶』[26]。」

「抓到了！」他說，那雙四十二年前就勾住我的湛藍眼睛裡，閃爍著一絲狡猾，「這麼多年來妳終於發現，原來自己是反墮胎的啊！」

我很驚訝聽到他這樣說。然後我突然意識到，這番話是多麼值得紀念。過去我們可想像不到，居然能拿彼此最大、最厭惡的歧見來開玩笑，但它真的發生了。這一笑代表我們深摯的友情、全然地接受彼此以及放下批判的枷鎖。喜悅快樂溢滿了我的心頭。

然後，我親吻了他。

---

25 編註：瑪莉・麥卡錫為美國作家、政治評論員，立場偏左。

26 作者註：這句憤世忌俗卻實際的話，是給作家們的建議，這句話能找到許多出處；這是我知道的版本。

謝詞

這本書真的是兩派陣營合作的產物。各種政治立場的夥伴與伴侶給了我最慷慨的協助。他們認同這個訪談計劃，帶著坦率、熱情的精神，在交流中帶來許多洞見。他們提到，自己如何努力找出停戰的方法，並重新開始對話。有許多人不只是接受訪談，也現身參加了我第一季的播客節目。他們的談話內容都很啟發性。

感謝麥克米倫播客平臺（Macmillan Podcasts）的全體工作人員，他們有能力、創意又有耐心。尤其是副總監阿莉莎・馬丁諾（Alyssa Martino）與資深製作人亞歷山大・阿伯納斯（Alexander Abnos），帶我一步認識這個貼近讀者的新媒體世界，讓身為戰後嬰兒潮世代的我感到很興奮。麥克米倫播客平臺及快捷實用小撇步（Quick and Dirty Tips）播客網的副總裁凱希・道爾（Kathy Doyle）熱心地給予我明智的建議。能如此和這群人一起工作是個難忘的經驗。

強納森・海德特（Jonathan Haidt）親切地在推特上幫我宣傳這個訪談計劃，吸引來許多有想法的受訪者。

《國家評論》的好友們給予我熱情且慷慨的幫助，沒有他們我就無法完成這本書。在他們身上我才學到，立場不同但態度還是可以很優雅。四十多年來，我都愛著他們的資深編輯群。《國家評論》的發行人加瑞特・比克斯四世（E. Garrett Bewkes IV）孜孜不倦地為我徵募有趣的受訪者；《國家評論》網站編輯查理斯・庫克（Charles C. W. Cook）讓我在網站上徵求受訪者；凱斯琳・金・羅伯茲（Kathryn Jean Lopez）也給了我最親密的支持。

我的編輯亞當・貝洛（Adam Bellow）把這份企劃當成自己的重點工作，每個細節都照顧得很完美。他對我的信任及對我作品的熱情，對我來說十分珍貴。編輯助理凱文・萊利（Kevin Reilly）給我的幫助多到不能再多了。

感謝我的丈夫理查・布魯克海瑟，書中每字每句都來自他的啟發；他自己也一字不漏地讀完了。

與他結婚後，我的人生、知識範疇變得如此開闊，這一切全超乎我過去的想像。
將此書獻給伯特（Bert）及妮娜·史奈利（Nina Smiley），兩位三十年的老友。

人生顧問 382

在家不要談政治：擁抱不同立場，修補彼此的關係黑洞

I Love You, But I Hate Your Politics

作者	珍・賽佛（Jeanne Safer）
譯者	劉議方
責任編輯	許越智
責任企畫	林進韋
美術設計	許晉維
內文排版	薛美惠
董事長	趙政岷
出版者	時報文化出版企業股份有限公司 10803 臺北市和平西路三段240號一至七樓 發行專線｜02-2306-6842 讀者服務專線｜0800-231-705｜02-2304-7103 讀者服務傳真｜02-2304-6858 郵撥｜1934-4724 時報文化出版公司 信箱｜臺北華江橋郵局第 99 號信箱
時報悅讀網	www.readingtimes.com.tw
電子郵件信箱	ctliving@readingtimes.com.tw
人文科學線臉書	www.facebook.com/jinbunkagaku
法律顧問	理律法律事務所｜陳長文律師、李念祖律師
印刷	勁達印刷有限公司
初版一刷	2019年12月13日
定價	新臺幣320元

時報文化出版公司成立於一九七五年，並於一九九九年股票上櫃公開發行，於二〇〇八年脫離中時集團非屬旺中，以「尊重智慧與創意的文化事業」為信念。

ISBN 978-957-13-8034-6

在家不要談政治 / 珍.賽佛(Jeanne Safer)著 ; 劉議方譯. -- 初版. -- 臺北市 : 時報文化, 2019.12 ｜256 面 ; 14.8×21公分 ｜譯自 : I love you but I hate your politics : how to protect your intimate relationships in a poisonous partisan world ｜ISBN 978-957-13-8034-6(平裝) ｜1.家庭關係 2.人際衝突 3.政治文化 4.美國 ｜177.31 ｜108019333